U0101563

善本珍籍享德
上品書香學養
湯一介 辛卯年

著名学者、北京大学资深教授 汤一介题

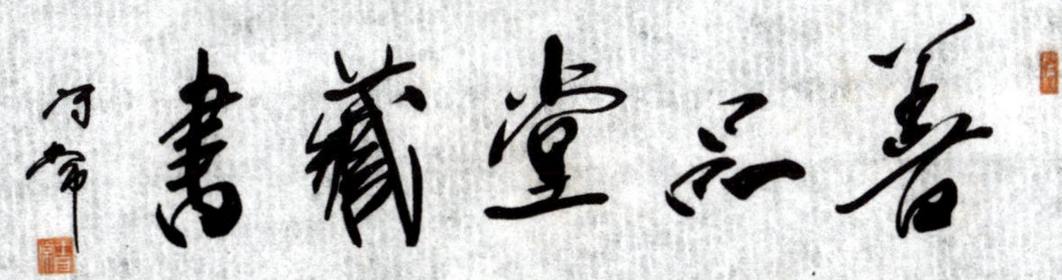

中国文化书院院长、北京大学教授 王守常题

善品堂藏書
王蒙

著名作家、文化部原部长 王蒙题

善品傳天下
書香育后人
善品堂藏書
柳斌杰

国家新闻出版总署原署长 柳斌杰题

善品堂藏書·熊伯齊·篆

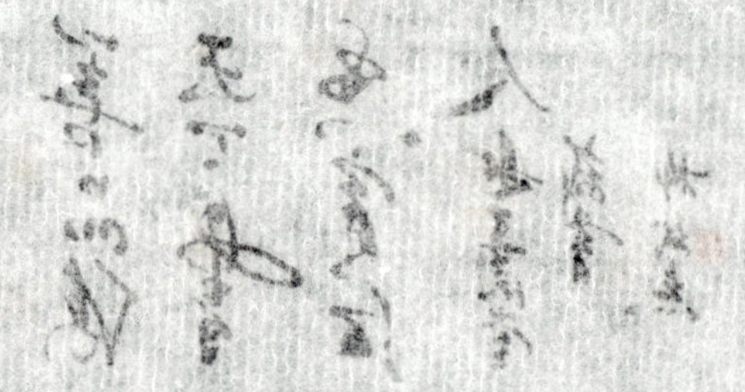

图书在版编目（CIP）数据

《孙子兵法》精注精译精评 /（春秋）孙武著；任俊华注译评．—北京：线装书局，2014.3

（国学精注精译精评文库 / 王守常主编）

ISBN 978-7-5120-1208-0

Ⅰ．①孙… Ⅱ．①孙… ②任… Ⅲ．①兵法—中国—春秋时代 ②《孙子兵法》—研究 Ⅳ．① E892.25

中国版本图书馆 CIP 数据核字 (2013) 第 321042 号

《孙子兵法》精注精译精评

作　者　（春秋）孙武
注译评者　任俊华
责任编辑　肖玉平
策　划　善品堂藏书
出版发行　线装书局
地　址　北京市西城区鼓楼西大街四一号
邮　编　一〇〇〇〇九
电　话　六四〇四五二八三
网　址　www.xzhbc.com
印　刷　北京市宏泰印刷有限公司
字　数　四一五千字
印　张　六九点二五
版　次　二〇一四年三月第一版第一次印刷
印　数　一〇〇〇套
定　价　九六〇元（一函四册）

ISBN 978-7-5120-1208-0

国学精注精译精评文库

孙子兵法精注精译精评

（春秋）孙武　著
任俊华　注译评

线装書局

任俊华简介

任俊华教授，笔名峻骅，号千家峒瑶人、艮止斋主人，1966年生于湖南永州千家峒，瑶族，哲学博士，编审，中国人民大学应用伦理学出站博士后。现担任中央党校哲学部教授、博导、博士后合作导师。中国自然辩证法研究会易学与科学专业委员会秘书长、华夏国际易道研究院副院长、中国齐鲁文化促进会副会长、著作有《再塑民族之魂》《环境伦理的文化阐释》《中国古代官员创新之道》和《战略创新与管理之道》等。

《国学精注精译精评文库》总序

三十年来改革开放，经济的发展，物质财富的快速增长，使越来越多的中国人开始了小康生活。然而，建设中华民族共有的精神家园的任务越来越紧迫，一个古老的人生哲学命题又显现在人们的面前：我从哪里来？到哪里去？如何生活才能幸福？

这是一个人生观和宇宙观问题，也是中华民族在其文化历史进程中的规范认同问题。如「仁者爱人」、「天下为公」、「吾日三省吾身」、「德不孤必有邻」、「言必信，行必果」等观念都是中国人注重修养人格的价值来源。基本道德规范是支撑一个社会发展的重要基础。中华民族的一个重要传统就是重视基本道德规范与基本道德秩序，这是当今社会重构价值观念的资源。中华民族在其数千年生活中也融会其他民族智慧并向人类社会提供了有益的价值观念，如「己所不欲，勿施于人」已成为当今世界文明对话的伦理基础。

中华民族数千年来生生不息的精神追求所铸造的思维方法与价值观念是当代中国发展的资源。历史的昭示：一个民族文化的成长，要大胆向外族文化学习的同时不要忘记本民族的历史文化。「返本开新」应该是我们的文化战略选择。

中华民族几千年璀璨的文明史，积淀了许多为历代中国人所尊崇的奇葩瑰宝。《周易》《老子》《孙子》《论语》《大学》《中庸》《孟子》《楚辞》《坛经》《颜氏家训》《阴符经》《贞观政要》《通书》《近思录》《弟子规》《三字经》《忍经》《菜根谭》《曾国藩家书》等国学经典，都从不同的高度、角度告诉我们应该如何为人、做事，「志士不饮盗泉之水」、「廉者不受嗟来之食」、「与人为善」、「与物为春」、「以人为本」、「助人为乐」、「扶贫济困」等训诫构成了中华传统美德博大精深的完备系统。这些传世文献是弘扬中华民族精神、建设中国人共有的精神家园的珍贵文献。

时下，中国社会出现「国学热」，各种讲国学常识和名家讲国学的读物不难找到。但是，审视历代留下各类注本难易参差，亦有注疏错误。尤其新近翻刻出版的国学书籍还无法满足读者的要求。注译精良、讲解恰当而适合社会各界人士学习的国学精注精译精解类书籍又少之又少。为了适应这一需要，在「善品堂藏书」创始人何德益先生的倡导下，线装书局联合「善品堂藏书」，

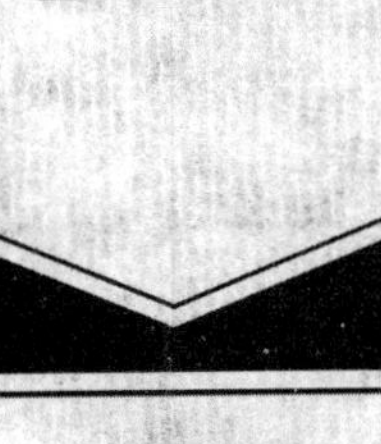

编辑出版了此套线装本《国学精注精译精评文库》。

『国学精注精译精评文库』由我担任主编，著名学者、北京大学资深教授汤一介先生担任总顾问，中国文化书院学术总支持。首期出版中央党校教授任俊华先生评点的七种著作，还将陆续推出海内外重要学者的最新评点著作。

因此，这套书祈望质量上乘，集学术性、普及性和收藏性于一体，雅俗共赏，为助力弘扬中华传统文化贡献绵薄之力。希望该文库对有缘人能有所启迪和帮助。是为序。

王守常

（中国文化书院院长、北京大学教授）

二〇一四年元月

目录

第一章　计篇

孙子曰：兵者，国之大事，死生之地，存亡之道，不可不察也。

注释

孙子：即春秋时期吴国的名将孙武。「孙」为姓，「子」是古代对男子的尊称或美称。《春秋谷梁传·宣公十年》中有：「秋，天王使王季子来聘。其曰王季，王子也，其曰子，尊之也。」范宁注：「子者，人之贵称。」兵：原意为「兵器」，如：《诗·秦风·无衣》：「王于兴师，修我甲兵，与子偕行。」宋苏轼《乞增修弓箭社条约状》：「被甲持兵，行数十里，即便喘汗。」这里指「战争」。《左传·隐公四年》：「夫兵犹火也，弗戢，将自焚也。」即为此意。

国之大事：关系到一国生死存亡的大事情。春秋时期，普遍认为战争系乎一国的安危，所以《管子·霸言》中说：「明王……所重者，政与军。」《左传·成公十三年》中也有：「国之大事，在祀与戎。」《银雀山汉墓竹简·孙子兵法》（以下简称「汉简本」）和日本樱田迪《古文孙子》（以下简称「樱田本」）「国之大事」下均有一「也」字，《魏武帝注孙子》（以下简称曹注）和《武经七书·孙子》（以下简称「武经本」）均无此字。

地：对于「死生之地」的「地」字，前人的注解中有不同的理解。一种观点认为，「地」即为「场所」，这里指「战场」。如刘寅解为「六军死生之地」（《孙武子直解·始计第一》），贾林也注曰：「地，犹所也，亦谓陈师、振旅、战阵之地。」另一种观点认为，这里的「地」应为值得重视的事情，如戚继光《大学经解》中云：「「地」字虚看，乃兵之死生所系；存亡，以国言。」结合上一句「国之大事」，和下一句「存亡之道」，后一见解应更可取。

道：原意为「道路」，这里应为「规律」、「通则」。如《易·说卦》：「是以立天之道曰阴与阳，立地之道曰柔与刚，

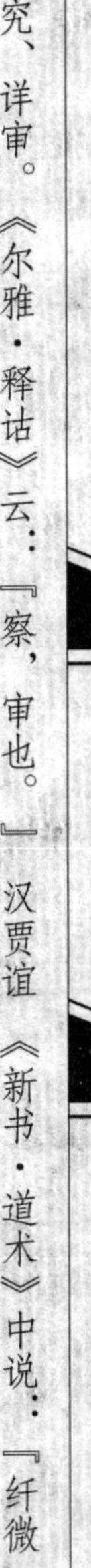

立人之道曰仁与义。」察：考察、研究、详审。《尔雅·释诂》云：「察，审也。」汉贾谊《新书·道术》中说：「纤微皆审谓之察。」樱田本「也」作「焉」，《通典》卷148、《北堂书钞》（以下简称《书钞》）卷113所引此句，则皆无此「也」字。

译文

孙子说：战争，是国家的大事，它关系着军民的生死，决定着国家的存亡，是不能不仔细研究、慎重对待的。

评点

《孙子》开篇就提出了军事和战争对于一个国家的重要性，认为战争关系到国家的存亡和人民的生死，必须十分谨慎，不要将它当作儿戏。在我国历史上，轻视战争的规律性而灭亡的例子有许多，淝水之战后前秦的灭亡就是其中之一。

南北朝时期，苻坚在王猛的辅佐下，使前秦成为一个强大的国家，先后灭了前燕、前凉、和代，夺得巴蜀，进入西域，一举统一北方。但是，虽然王猛生前苻坚对他言听计从，可是王猛一死，苻坚狂妄自大、一意孤行的毛病就暴露出来了，把王猛临死留下的不要进攻东晋的忠告抛在了脑后。把东晋当作唯一的敌人，决定非把它消灭不可。王猛死后不到三年，苻坚就派十几万大军，分兵几路进攻东晋的襄阳，花了将近一年时间，终于把襄阳攻了下来。接着，他又派兵十几万从襄阳东进，攻打淮南，东晋兵将在谢石、谢玄率领下，把秦兵打得一败涂地。

虽然遭到了沉重打击，但苻坚并没有放弃进攻东晋的打算。公元382年10月，他认为已经准备成熟，就下决心大举进攻东晋。苻坚问文武大臣：「各地的势力现在基本上都被我们平定了，只剩下了东南的晋国不肯降服于我们。现在，我们已经有了97万精兵，我打算亲自带领去灭掉晋国，大家认为如何？」大臣权舆说：「晋国虽然不如我们强大，但是他们的皇帝还没犯什么大错，手下还有像谢安、桓冲那样有才能的文武大臣，目前他们国内团结一心。咱们要灭亡东晋，现在恐怕不是时候。」石越也说：「晋国有长江作为天险，再加上老百姓斗志旺盛，我们恐怕难以能够取胜。」其他大臣也附和着他们，纷纷对攻

晋的计划提出反对。

苻坚却认为并不像大臣认为的那样，他大声说：『长江天险算得了什么，我们有百万大军，大家把手里的马鞭子一起投到长江里，就可以把长江的水堵塞。他们还能拿什么来做屏障！』见大家都不统一，他最后厌烦地说：『你们都走吧，这件事还是让我自己来决断。』

大臣们走后，只剩下苻坚和他的弟弟苻融还留在殿上。苻坚对苻融说：『自古以来决定国家大计的，总是只能靠一两个人。今天大家议论纷纷难以讨论出个结果来。这件事还是由我们两个人来决定吧。』苻融说：『依我看来，现在攻打晋国的确有许多困难。再加上我军连年征讨，兵士们已经疲惫不堪，不想再出去远征。今天这些反对攻打晋国的，都是为陛下您考虑，他们都是您的忠臣，希望您能采纳他们的意见。』

苻坚没想到自己的弟弟也会反对他，生气地说：『不要再说这种丧气话了，我有精兵百万，堆积如山的兵器、粮草，要打下小小的晋国如同探囊取物，怎么会有不能取胜的道理？』苻融见哥哥如此一意孤行，苦苦劝告他说：『现在攻打晋国，不但没有必胜的希望，而且陛下一旦离开长安远征，京城里那些鲜卑人、羌人、羯人就可能起来叛乱，到时候后悔也就来不及了。』

打那以后，还有不少大臣劝苻坚不要攻晋。苻坚一概不理睬。有一次，京兆尹慕容垂进宫求见。苻坚要慕容垂谈谈他的看法。慕容垂说：『强国吃掉弱国，大国并吞小国，这是自然的道理。像陛下这样英明的君王，手下有雄师百万，满朝是良将谋士，要灭掉小小晋国，不在话下。陛下只要自己拿定主意就是，何必去征求许多人的意见呢？』

不但大臣们反对苻坚出兵，他的家人也劝告他要慎重从事。他的妃子张夫人听到朝廷内外很多人不赞成攻打晋国，就寻

找机会好言劝阻他。苻坚不但不听，反而不耐烦地说：『打仗不是你们女人管的事。』苻坚最宠爱的小儿子苻铣，也劝苻坚说：『皇叔（指苻融）是最忠于陛下的，陛下为什么不听他的话？』苻坚冷冷地说：『国家大事，你们小孩子不要乱插嘴。』

苻坚决心已定，不顾内外一致反对，决定出兵进攻东晋。

公元383年8月，苻坚亲自带领87万大军离开长安，一路浩浩荡荡向南进发。过了一个月，苻坚率领的主力部队到达项城（在今河南沈丘南），益州的水军也沿江顺流东下，黄河北边来的人马也到了彭城（今江苏徐州市），从东到西一万多里长的战线上，前秦水陆两路进军，向江南逼近，并一举攻破寿阳。

东晋大军由谢石、谢玄指挥，虽然兵力远远少于前秦，但非常精干。谢石、谢玄首先派北府兵的名将刘牢之率领精兵五千人，先对苻坚派出进攻洛涧的秦军发起突然袭击。北府兵强渡洛涧，个个勇猛非凡。秦军大败，秦将梁成也被晋军杀了。洛涧大捷大大鼓舞了晋军的士气。谢石、谢玄亲自指挥大军，乘胜直逼淝水（今淝河，在安徽寿县南）东岸，把人马驻扎在八公山边，和驻扎在寿阳的秦军主力形成隔岸对峙之势。

谢玄派人给苻坚送去一封信，要求秦军能把阵地稍稍往后撤一点，腾出一块地方，让晋军渡过淝水，以便双方决战。苻坚没看透晋军的计划，答应后撤。谢石、谢玄一得到回信，迅速整好人马，准备渡河进攻。

约定渡河的时刻到来，苻坚一声令下，苻融开始指挥秦军后撤。他们万万没有料到，秦兵早就厌恶了战争，再加上由于害怕晋军，一听到后撤的命令，马上后退，顿时失去了秩序。谢玄率领八千多骑兵，趁势迅速渡过淝水，向秦军发动猛攻。这时候，晋军在秦军中的内应在阵后叫喊起来：『秦兵败了！秦兵败了！』后面的兵士不知道前面的情况，看到前面的秦军往后奔跑，也转过身跟着逃命。苻坚再也控制不住秩序了，只好骑上一匹马拼命逃走。秦军大败。

经过这场失败，强大的前秦元气大伤。苻坚逃到洛阳时，收拾残兵败将，清点人马，已经只剩下了十几万人。鲜卑族的慕容垂和羌族的姚苌趁机背叛了前秦，分别建立了后燕和后秦，苻坚本人也被姚苌所杀。

故经之以五事，校之以计，而索其情：一曰道，二曰天，三曰地，四曰将，五曰法。

注释 经：衡量，量度，筹划。如《诗·大雅·灵台》："经始灵台，经之营之。"《百喻经·三重楼喻》："是时木匠，即便经地垒墼作楼。"汉简本"经"作"轻"，乃为音近假借。五事：即下文所说："一曰道，二曰天，三曰地，四曰将，五曰法"。汉简本"五"下无"事"字，孙校本也依《通典》所引删去"事"字，而曹注本、武经本、宋明十家注本都有此"事"字。曹操曰："谓下五事七计，求彼我之情也。"

校：衡量，比较。汉简本作"效"，假借。计：筹划，计虑，考虑。《管子·中匡》："计得地与宝，而不计失诸侯；计得财委，而不计失百姓"；嵇康《释私论》："言不计乎得失而遇善"；柳宗元《祭姊夫崔使君简文》："惟昔与君，年殊志匹，昼咨夕计，期正文律"，皆与此意近。汉简本中"而"作"以"，古时二字通用。索：探索，探究。情：敌我双方的情势。汉简本作"请"，假借。道：原意为道路，这里引申为政治主张，即政治清明之意，即下文所说："道者，令民于上同意，可与之死，可与之生，而不危也。"如《管子·君臣》中："顺理而不失之谓道。"《商君书·更法》中："治世不一道，便国不必法古。"《论语·卫灵公》中："道不同，不相为谋。"刘禹锡《学阮公体》诗中："少年负志气，通道不从时。"

天：天时，即下文所说："天者，阴阳、寒暑、时制也"。曹操曰："顺天行诛，因阴阳四时之制。故《司马法》曰：'冬夏不兴师，所以兼爱吾民也。'"李筌曰："应天顺人，因时制敌。"地：地利，即下文所说："地者，远近、险易、广狭、死生也。"曹操曰："言以九地形势不同，因时制利也。论在《九地》篇中。"李筌曰："得形势之地，有死生之势。"将：军事将领，即下文所说："将者，智、信、仁、勇、严也。"法：法令，法制，即下文所说："法者，曲制、官道、主用也。"

译文 因此，要通过对敌我双方五个最重要的方面的分析，通过对双方各种情况的考察和比较，来探究和解释战争胜负的情势。这五个方面：一是政治是否清明，二是天时是否适当，三是地利是否有利，四是将领是否称职，五是法制是否完备。

评点 孙子认为，政治清明、天时地利、将领素质、法令制度都是决定战争胜负的因素，要想取得彻底的胜利，这些都是需要考虑的。

商朝末年，纣王残暴无道。而在西方的周却慢慢强大起来，逐渐对商形成了威胁。

周族是一个古老的农业部落。商朝后期，由于受戎、狄等少数民族的威逼，周族首领古公亶父率族人从陕甘一代他们世代生活的地区迁居到岐山脚下的周原，为了借助商王朝的力量对付威胁自己的少数民族国家鬼方而做了商的属国。经过季历和文王两代，周把与他们敌对的小国和部落一一打败，终于称霸西戎。周文王的时候，他又率领族人迁居到丰（今陕西丰水西岸），继续发展壮大，成为威胁商的一支强大力量，双方发生了多次冲突。文王晚年，周已经三分天下有其二，并造成了对商王朝的包围之势。

文王死后，周武王即位。武王即位的第二年，就一面派间谍到殷都搜集情报，一面在孟津大会诸侯，举行军事演习。派去殷都的人回来报告说，纣王荒淫残暴，并且宠信任用了一些奸臣，国中百姓都对之十分怨恨。前来会盟的八百诸侯都认为

「纣可伐矣」，想要武王带头伐纣。武王却没有听从大家的意见，说「汝未知天命」，带领军队回去了。其实，深通韬略的武王并非笃信天命，「天命」只不过是他的借口，而是他觉得伐纣时机尚未成熟。这次孟津大会的目的仅仅是「以观诸侯集否」（《史记·齐太公世家》），即会合诸侯是为了试探自己的号召灵不灵，伐纣准备还不充足。况且，商王朝此时仍有相当实力，所以必须要再等待一下。又过两年，商纣王暴虐专制变本加厉，在内杀死了比干，囚禁了箕子，闹得众叛亲离，对外穷兵黩武，集中全力征伐东夷。伐纣的时机成熟了。大约在公元前 1066 年，武王在孟津集合起兵车 300 乘、虎贲 3000 人、甲士 45000 人，联合庸、蜀、羌、髳、卢、彭、濮等西南各少数民族，不顾出征前卜龟兆不吉利，也不顾伯夷、叔齐等人的阻拦，毅然传令东进，终于在牧野一战灭亡了商朝。

道者，令民与上同意也，故可与之死，可与之生，而不畏危。

注释

令：使，让。《史记·高祖本纪》中有：「汉王病创卧，张良强请汉王起行劳军，以安士卒，毋令楚乘胜于汉。」韩愈《寄卢仝》诗中有：「先生结发憎俗徒，闭门不出动一纪，至令邻僧乞米送，仆忝县尹能不耻？」民：普通老百姓。《通典》卷 148 和《长短经·道德》引此句「民」均为「人」，因为避唐太宗李世民讳的缘故。上：君上，这里指诸侯国国君。同意：「意」，意志，意愿。「同意」，意志统一。也：武经本无此「也」字，汉简本和《长短经·道德》所引则为「者也」。故：所以。汉简本无此「故」字。可：孙星衍校本两「可」均为「可以」。不畏危：据吴九龙等《孙子校释》考证，此「不畏危」应为「不诡」。「「不诡」：各本皆作「不畏危」，孙校本又改作「民不畏危」。按：作「畏危」虽于义可通，殆非原文。查汉简本作「弗诡」，无「畏」字。曹操与李筌等各家注亦只注「危」字，云：「危者，危疑也」，杜佑注亦云：「佹者，疑也」，不释「畏」字。孟氏注虽注「畏」字，然又云：「一作人不疑」，「一作人不危。」而《长短经·道德》与《御览》卷二七〇引文则有「畏」字。是故书本无「畏」字，六朝之后始生歧异。俞樾《诸子平议·补录》云：「曹公注曰：危者，危疑也，不释畏字，其所据本无畏字也。民不危，即民不疑，曹注得之。孟氏注曰：一作人不疑，文异而义同也。《吕氏春秋·明理篇》曰：以相危，高诱训危为疑。盖古有此训，后人但知有危亡之义，妄加畏字于危字之上，失之矣。」按：从说有理，当从汉简本、曹注去「畏」字。汉简本作「弗诡」，《通典》卷一四八又作「不佹。」孙校本谓「佹」乃「字之误」。按：「佹」、「诡」声义并同，皆读 guǐ，乖违、疑贰之意，故非字误。」

译文

所谓「道」，就是要让普通老百姓的意愿和国君一致，如果这样，他们就能够为国君而生，为国君而死，而不会怀有二心。

评点

「道」是中国哲学的重要范畴，甚至可以说是中国哲学的元范畴。在现存的甲骨文中，没有「道」字出现，金文中有「道」字，但大多是指道路而言。春秋战国时期，「道」的内涵不断扩展并成为中华文化的核心概念和理论原点之一。

在西周时期，「道」就已经从「道路」的原意引申出来，被作为一种价值观念或意识形态，成为统治阶级和知识分子为自己树立的政治和道德的准则。《尚书》中说：「皇天用训厥道，付畀四方，乃命建侯树屏，在我之后人。」（《尚书·康王之诰》）这里所说的「道」，就是对统治阶级的一种政治要求和道德准则。《诗·大雅·烝民》中有：「天生烝民，有物有则。民之秉彝，好是懿德。……仲山甫之德，柔嘉维则，令仪全色，小心翼翼，古训是式，威仪是力。」把仲山甫看作是一个恪守「道」的一个典型。《左传·桓公六年》载季梁曰：「所谓道，忠于民而信于神也。上思利民，忠也；祝史正辞，信也。」《左传·文公六年》又说：「闰月不告朔，非礼也。闰以正时，时以作事，事以厚生，生民之道，于是乎在矣。不告闰朔，弃时政也，何以为民？」都是把「道」当作统治者的一种原则性的要求和规范，并且要把「利民」、「为民」作为「道」的基本要求。

到了春秋战国时代，由于社会关系的激烈变动和百家争鸣局面的出现，「道」的观念已呈现了多元化演变的趋势，成为一个具有多义性的概念。孔子继承和发展了早期「道」观念中一些积极的内容，强调一个有志向的人就要「志于道」，说「士志于道，而耻恶衣恶食者，未足与议也。」（《论语·里仁》）关于儒家所理解的「道」，《论语·里仁》中说：「子曰：「参乎！吾道一以贯之。」曾子曰：「唯。」子出，门人问曰：「何谓也？」曾子曰：「夫子之道，忠恕而已矣。」」也就是说，儒家把「忠恕」等道德要求，作为「道」的基本内容，尤其对于统治者来说，要求他们必须「爱民」、「利民」，政治清明。在儒家的道德本体论框架中，「道」主要被理解为人道、「仁」道，在一定程度上它给儒家的伦理道德学说赋予了形而上的根据，成为其人伦道德之本。后来，经过董仲舒和程朱等人的发展，「道」又有了宇宙、天道的意义，并在此基础上将其与道德伦理及其规范进一步联系起来。

当然，对「道」最为重视，论述最多的，还是道家学派。虽然《道德经》开篇就说「道可道，非常道」，但在仅仅五千言的著作中，「道」这个核心概念就出现73次。在老子的思想中，「道」是宇宙万物之本源，它「先天地生，寂兮寥兮，独立而不改，周行而不殆，可以为天地母」（《老子》二十五章），是其它万物产生的基础，「道生一，一生二，二生三，三生万物」（《老子》四十二章）。「道」的基本特征是无形、无声、无色、无味，以「自然」为法则，它「视之不见」「听之不闻」，「无状之状，无象之象」（《老子》十四章），「人法地，地法天，天法道，道法自然」（《老子》二十五章）。当然，老子也把「道」的概念推广到社会领域，在社会理想上，他所认为的「道」就是回到「使有什伯之器而不用，使民重死而不远徙。虽有舟舆，无所乘之；虽有甲兵，无所陈之。使人复结绳而用之。甘其食，美其服，安其居，乐其俗。邻国相望，鸡犬之声相闻，民至老死不相往来」的「小国寡民」的状态中去。

《孙子》中的「道」与孔子和老子理解的「道」既有相同点，又有不同点。孙子所理解的「道」，主要是指统治者实行开明的政治，取得人民的拥护。关于孙子对「道」的理解，《孙子评传》中进行了详细的论证，现引证如下：「什么是「道」？春秋末年的许多思想家如老子、孔子等，他们各有各的解释。孙子对「道」也自有他赋予的特殊含义。他说：「道者，令民与上同意也。故可以与之死，可以与之生，而不畏危。」（同上）（指《孙子·计篇》——引者注）明代军事家戚继光对孙子这段言论，有较好的见解。他阐述说：「道者令民与上同意，此道字即率性之道，令字即修道之谓教，意字指好恶而言，好恶同即因民之所好而好之，因民之所恶而恶之之意，苟在上者能同民之好恶矣，而我之所好恶，民岂有不同……孰谓孙子尽用权谋术数，观此谓非知道之言，可乎？」他接着又说：「可与之死，可与之生，而不畏危也，此乃效验，即孟子所谓执梃以挞秦楚之坚甲利兵者，是也。」（《止止堂集·愚愚稿上》）显然，在孙武看来，上层统治者对人民修道而教，观察人民的好恶，好者从之，恶者去之，则人民便会与上同心同德，生死与共。这样，就能形成一股巨大的物质力量，任何坚甲利兵都将抵挡不住，它是战争取得胜利的可靠保证。在分析战争胜利的条件时，孙子又指出：「上下同欲者胜。」（《谋攻篇》）所谓「上下同欲」，亦即「令民与上同意」，也就是「有道」的表现。孙子在论述军队官兵关系时还说：「令素行以教其民，则民服；令不素行以教其民，则民不服。令素行者，与众相得也。」（《行军篇》）「视卒如婴儿，故可与之赴深溪；视卒如爱子，故可与之俱死。」（《地形篇》）这里的「令素行」、「与众相得」、「视卒如婴儿」、「视卒如爱子」，按照孙武的理解，应该都是「修道」的具体说明。」所以说：「孙武所谓「修道」，从广义来讲，就是国君实行开明的政治，能够得到广大人民的拥护。」

关于道家与兵家的关系，古代起就有人认为他们二者不可分，所以有人说《道德经》其实就是一部兵书，唐代王真还专

门写了一部《道德经论兵要义述》的书，专门论述《道德经》的军事理论，并提出『五千之言』的《老子》『未尝有一章不属意于兵也』。不可否认，《道德经》中有关于军事的内容，如六十九章：『用兵有言：吾不敢为主，而为客；不敢进寸，而退尺。是谓行无行；攘无臂；扔无敌；执无兵。祸莫大于轻敌，轻敌几丧吾宝。故抗兵相若，哀者胜矣。』其中的『哀兵必胜，骄兵必败』，几乎成为千古兵家的军事名言。焦宏《老子翼》引吕吉甫曰：『道之动常在于迫，而能以不争胜。其施之于用兵之际，宜若有所不行者也。而用兵者有言：吾不敢为主而为客，不敢进寸而退尺，则虽兵犹迫而后动，而胜之以不争也，而况其它乎。何则？主逆而客顺，主劳而客逸，进骄而退卑，进躁而退静。以顺待逆，以逸待劳，以卑待骄，进骄而退卑，进躁而退静。以顺待逆，以逸待劳，以卑待骄，以静待躁，皆非所敌也。所以尔者，道之为常出于无为，故其动常出于迫，而其胜常以不争，虽兵亦由是故也。诚知为常出于无为，则吾之常无行，其攘常无臂，其仍常无敌，其执常无兵，安往而不胜哉？苟为不能出于无为，知主而不知客，知进而不知退，是之谓轻敌，轻敌则吾之所谓三宝保而论之者，和于丧矣。故曰祸莫大于轻敌，轻敌几丧吾宝，夫唯以不争为胜者，则未有能胜之者也。故曰：抗兵相加，哀者胜矣。』现代的张松如认为，『今人或谓老子以退为进的方针，在军事方面，则表现为以守为主，以守取胜的主张。这条总的作战原则是不对的，但老子提出的不可轻敌和双方兵力差不多相等的条件下，悲愤的一方将获胜等见解，还有它合理的地方。』虽然《老子》书中有一些关于兵事的内容，但说《老子》是一部兵书则未免偏狭，因为老子的基本观点是反对兵事的。关于此，这里不再详加论述。

说兵家与道家有着不可分割的联系的另一方面的表述是：有人认为，孙子的『道』是源于老子。例如：俞樾《诸子平议·补录》中说孙子先言『道』而后言『天』、『地』，乃老子『道大、天大、地大，人法地、地法天、天法道』之说，并以此得出结论『兵家源于道德』。关于这一观点，杨炳安曾经写过《『兵家源于道德』辨》、《孙老兵学异同论》等文章，进行了科学地分析，在《〈孙子〉会笺》中，他对此也有所论及，现转述如下：『孙子之「道」与老子之「道」，其本质含意似有不同。孙子此篇下句云：「道者，令民与上同意也，故可以与之死，可以与之生，而不诡也。」又云：「修道而保法」、「主孰有道」。其言「天」曰：「天者，阴阳、寒暑、时制也。」可见孙子之「道」纯属政治概念，其言「天」，亦纯指客观事物，其朴素唯物主义思想灼灼可见。而老子之所谓「道」则迥异。老子云：「有物混成，先天地生，寂兮寥兮，独立而不改，周行而不殆，可以为天地母，吾不知其名，字之曰道。」（《老子·第二十五章》）又云：「道生一，一生二，二生三，三生万物。」（同上第四十二章）故老子之「道」盖系客观唯心主义之哲学概念，二者不可混同。至于说「兵家源于道德」，此说曾于清末民初流行一时，嗣后和者虽寡，然作为学术问题尚未完全解决，当另详之，兹略。唯老子虽亦论兵，且与孙子不无相通之处，然其哲学思想以及方略原则，较之孙子，则大相径庭。故兵家源于道德云云，其附会道家之说欲？再，孙子虽不理解战争与政治关系的实质，但他却把作为政治条件的「道」置于「五事」之首，可见其对政治条件的重视。《商君书·战法》：「战法必本于政胜」，可与孙子此义相参证。』

天者，阴阳、寒暑、时制也。

注释 阴阳：这里指昼夜、阴晴等不同的天气变化。寒暑：这里指寒冷、酷暑等气温变化。时制：这里指春夏秋冬等季节的更替。《通典》卷一六二、《长短经·天时》作『时节制』。俞樾谓『盖一本作节，一本作制，而写者两存之耳』，并说『时制』当读为『时节』。『节』与『制』，二字一声之转，其义相通。韦注《国语·鲁语》『夫祀，国之大节也』时说：『节，制也。』因此可见，『时制』就是『时节』，指四时节令的变化，春夏秋冬推移。汉简本此句后还有『顺逆，兵胜也』

天者，阴阳、寒暑、时制也。

五字，今天传世的诸本均没有。

译文 所谓「天」，就是指天气的变化、气温的改变和季节的更替。

评点 中国古代对「天」也有着不同的理解，有人给「天」赋予了万物主宰的角色，把「天」想象成是有意志的，能够惩善罚恶。但也有人把「天」仅仅作为自然之天来看待，只是四时的运行、寒暑的变化、阴晴的转换。由于军事斗争的现实性和客观性，所以兵家的思想家一般都持后一种观点，并且把天时作为影响军事行动结果的重要条件。

在我国古代，由于军事斗争的需要，积累了许多天文气象方面的知识，在各种兵书中都有所反映，并且还出现了专门对此总结的著作，如唐代黄子发有一部《相雨经》，又称《相雨书》，被收入《汪氏兵学三书》之中，其中专门对气象知识进行了总结，其中有些非常实用。例如：其中说：『常以戊申日候日欲入时，日上有冠云，不问大小，视四方黑者大雨，青者小雨。候日始出，日正中，有云覆日而四方有云，黑者大雨，青者小雨。四方有云如羊猪，雨立至。四方北斗中有云，后五日大雨。四方北斗中无云，惟河中有云三枚相连，状如浴猪豨，三日大雨。以丙丁之辰，四方无云，惟汉中有者，六十日风雨和。常以六甲之日平旦清明，东向望日，始出时日上有云大小贯日中，青者以甲乙日雨，赤者以丙丁日雨，白者以庚辛日雨，黑者壬癸日雨，黄者以戊己日雨。六甲日四方云皆合者，即雨。以天方雨时，视云有五色，黑赤并见者即雹，黄白杂者风多雨少，青黑杂者雨随之，必滂沛流潦。』『每夕取通草一茎，以火燃之尽者，次日晴，不尽者雨。』『壁上自然生水者，天将大雨。』这些论断都是有一些科学道理的，通草燃不尽、壁上生水都是空气湿度太高的缘故，以此推断天将要下雨，显然顺理成章。

中国历史上利用天时取得军事斗争胜利的例子也有许多，赤壁之战便是其中著名的一例。《三国志·吴书·周瑜传》中记载有这场战役的过程：

时刘备为曹公所破，欲引南渡江，与鲁肃遇于当阳，遂共图计，因进驻夏口，遣诸葛亮诣权，权遂遣瑜及程普等与备并力逆曹公，遇于赤壁。时曹公军中已有疾病，初一交战，公军败退，引次江北。瑜等在南岸。瑜部将黄盖曰：『今寇众我寡，难与持久。然观操军船舰首尾相接，可烧而走也。』乃取蒙冲斗舰数十艘，实以薪草，膏油灌其中，裹以帷幕，上建牙旗，先书报曹公，欺以欲降。

又豫备走舸，各系大船后，因引次俱前。曹公军吏士皆延颈观望，指言盖降。盖放诸船，同时发火。时风盛猛，悉延烧岸上营落。顷之，烟炎张天，人马烧溺死者甚众，军遂败退，还保南郡。

关于当时的情形，裴松之注引《江表传》说：『至战日，盖先取轻利舰十舫，载燥荻枯柴积其中，灌以鱼膏，赤幔覆之，建旌旗龙幡于舰上。时东南风急，因以十舰最着前，中江举帆，盖举火白诸校，使众兵齐声大叫曰：「降焉！」操军人皆出营立观。去北军二里余，同时发火，火烈风猛，往船如箭，飞埃绝烂，烧尽北船，延及岸边营柴。瑜等率轻锐寻继其后，擂鼓大进，北军大败，曹公退走。』可见，孙刘联军在赤壁之战中之所以能大获全胜，大败数倍于己的曹军，除了连环计等一系列的计谋的高超运用之外，巧妙的利用天时，借东南风起的有利时机才得以用火攻取胜。

地者，远近、险易、广狭、死生也。

注释 汉简本在『地者』和『远近』之间有『高下』二字。远近：指作战区域的距离的远近。险易：指作战区域地势的险要与平坦。广狭：指作战区域的广阔与狭窄。死生：指作战区域的地形条件是否有利于攻守进退。杨炳安《〈孙子〉会笺》中说：『「死生」：十三篇中，二字屡见，或泛指地势之高下，或专指战地之「死生」，具体含意也不尽相同，而此句既有「高

下」之文，故此「死生」当专指战地。《九地篇》云：「无所往者，死地也」，又云：「疾战则存，不疾战则亡者，为死地」。此「死地」当指地形地势皆不利于展开兵力对敌作战之地；「死地」之义已明，则「生地」之意可知。张注：「知死生，则能识战散之势」，是，凡以高下为说者，皆失之。」

译文 所谓「地」，就是指作战区域的地势高低、距离远近、地形的险要与平坦、广阔与狭窄以及是否有利于攻守进退等。

评点 地利一直都是我国古代的军事家和战略家所强调的，在我国古代兵书中，关于充分认识地形地势，巧妙利用地利的论述比比皆是。

《百战奇法》中说：「凡与敌战，若有形势便利之处，宜争先据之，以战则胜。若敌人先至，我不可攻，候其有变则击之，乃利。法曰：「争地勿攻。」」（《百战奇法·争战》）「凡与敌战，三军必要得其地利，则可以寡敌众，以弱胜强。所谓知敌之可击，知吾卒之可以击，而不知地利，胜之半也。此言既知彼又知己，但不得地利之助，则亦不全胜。法曰：「天时不如地利」。」（《百战奇法·地战》）「凡与敌战，或居山林，或在平陆，须居高阜，恃于形势，顺于击刺，便于奔冲，以战则胜。法曰：「山陵之战，不仰其高」。」（《百战奇法·山战》）「凡行军越过山险而阵，必依附山谷，一则利水草，一则附险固，以战则胜。法曰：「绝山依谷」。」（《百战奇法·谷战》）「凡出军行师，或遇沮泽、圮毁之地，宜倍道兼行速过，不可稽留也。若不得已，与不能出其地，道远日暮，宿师于其中，必就地形之环龟，都中高四下为圆营，四面受敌。一则防水潦之厄，一则备四周之寇。法曰：「历沛圮，坚环龟」。」（《百战奇法·泽战》）所有这些，都是论证了军事行动时应如何根据不同地理条件相机行事：作战时应先敌抢占有利地形，如已被敌方抢占则不可盲目进攻，而要等敌情发生变化后再行攻击；无论是在山林还是平原作战，都应先敌抢占制高点，如敌军已先行抢占，则不要轻率仰攻，以免伤亡过大而

失败；行经山谷地带时必须选择地势险要且有水草可用的谷地安营布阵；行军、宿营、作战时均应避开沼泽或易被水冲毁的地域，无法回避时则应选取形似龟背的四周低中间高的地带扎营布阵，等等。

公元409年，东晋中军将军刘裕率军攻克燕都广固（今山东青州西北）灭亡南燕的著名战争。这年正月，南燕皇帝慕容超嫌宫廷乐师不够，欲用兵向东晋掠取。二月，慕容超挑起战端，进击东晋的宿豫（今江苏宿迁东南），掠走百姓2500余人。刘裕为抗击南燕，于四月自建康（今南京）率舟师溯淮水入泗水。五月，进抵下邳（今江苏睢宁西北），留船舰、辎重，改由陆路进至琅邪（今山东临沂北）。为了防备南燕以奇兵断其后，所过之处皆筑城垒，留兵防守。慕容超召集群臣于节阳殿商议抗拒晋军，征虏将军公孙五楼说「吴兵轻果，所利在战，初锋勇锐，不可争也。宜据大岘，使不得入，旷日延时，沮其锐气。可徐简精骑二千，循海而南，绝其粮运，别敕段晖率兖州之军，缘山东下，腹背击之，上策也。各命守宰，依险自固，校其资储之外，余悉焚荡，芟除粟苗，使敌无所资。坚壁清野，以待其衅，中策也。纵贼入岘，出城逆战，下策也。」慕容超却认为：「京都殷盛，户口众多，非可一时入守。青苗布野，非可卒芟。设使芟苗城守，以全性命，朕所不能。今据五州之强，带山河之固，战车万乘，铁马万群，纵令过岘，至于平地，徐以精骑践之，此成擒也。」没有采纳公孙五楼的建议。贺赖卢也苦苦劝谏慕容超还是不听，于是退谓公孙五楼说：「上不用吾计，亡无日矣。」慕容镇也劝告慕容超要考虑自己的优势和地形地势条件，说「若如圣旨，必须平原用马为便，宜出岘逆战，战而不胜，犹可退守。不宜纵敌入岘，自贻窘逼。昔成安君不守井陉之关，终屈于韩信；诸葛瞻不据束马之险，卒擒于邓艾。臣以为天时不如地利，阻守大岘，策之上也。」慕容超还是不听。慕容镇无奈地说：「主上既不能芟苗守险，又不肯徙人逃寇，酷似刘璋矣。今年国灭，吾必死之，卿等中华之士，复为文身矣。」这话传到慕容超耳朵里，慕容超将他关进了监狱。结果，南燕最终为刘裕所灭。

将者，智、信、仁、勇、严也。

注释 智：指将领聪明智慧。信：指将领赏罚有信。仁：指将领爱护下属。勇：指将领勇敢刚毅。严：指将领法令严明。

曹操曰：『将宜五德备也。』李筌曰：『此五者，为将之德，故师有丈人之称也。』

译文 所谓『将』，就是指将领具有聪明智慧、赏罚有信、爱护下属、勇敢刚毅、法令严明等素质。

评点 中国兵家历来重视将领的作用，要求任人唯贤，不拘一格，选拔良将。《黄石公三略》开篇就强调：『夫主将之法，务揽英雄之心，赏禄有功，通志于众。故与众同好，靡不成；与众同恶，靡不倾。治国安家，得人也；亡国破家，失人也。』（《黄石公三略·上略》）我国历史上许多成功的君主，都与慧眼识才有关。

『春秋五霸』之首的齐桓公的成功可以说与不计前嫌任用管仲息息相关。齐桓公的父亲齐僖公生有三个儿子：长子诸，次子纠，幼子小白。僖公委派管仲、召忽辅佐公子纠，委派鲍叔牙辅佐保护公子小白。僖公死后，因诸最大，继承国君的位置，是为齐襄公。襄公昏庸无道，终于招致内乱。公元前686年公孙无知杀了齐襄公，自立为君。于是鲍叔牙保护公子小白逃奔到莒国避难；管仲、召忽则事奉公子纠逃到鲁国。后来，公孙无知被渠丘大夫所杀。一系列的政变使齐国出现了没有国君的局面。鲁国要立公子纠为君，于是派人护送他回国，并派管仲封锁莒国通向齐国的道路。管仲箭射公子小白，但只射中了带钩。小白装死，幸免于难，并星夜赶回齐国。鲁国以为小白已死，路上磨磨蹭蹭，结果还是公子小白抢先回国，登上君位，是为齐桓公。齐桓公即位后，马上发兵伐鲁，鲁军大败。接着，齐国要挟鲁国，要鲁国把公子纠杀掉，并把管仲和召忽抓起来，送回齐国治罪。鲁国迫于压力，杀了公子纠，召忽自刎而死，殉了公子纠。管仲被押回到齐国。齐桓公攻打鲁国的时候，本意是要把管仲抓回来杀掉。经过功臣鲍叔牙一番苦谏，齐桓公终于接受了鲍叔牙的建议，弃一箭之私仇，任管仲为国相，并尊称之为仲父，从此拉开了称霸诸侯大业的帷幕。

正确的识别人才、使用人才在今天仍然有重要意义。无论是交朋友还是作为一个领导者，首先需要的都是正确地认识和评价一个人。然而，认识人的『本性』却是非常不容易的一件事情。从古至今，许多人都想总结出一套对人进行鉴别的可靠方法，如东汉末年刘劭的《人物志》、清代曾国藩的《冰鉴》等，都提出了一整套鉴别人的系统而又复杂的方法。这些理论虽然都有一定的局限性，但大部分还是有一定的道理的。

要全面的认识一个人，必须与他多接触，并从他对一些具体事情的处理上观察他的人品和能力。诸葛亮曾经根据实践经验，总结出了了解一个人的本性的七条办法：询问他对某件事的看法，以考察他的志向和立场；用激烈的言辞故意激怒他，以考察他的气度和应变的能力；就某个计划向他征求意见，以考察他的学识；告诉他可能要发生的危险，以考察他的胆识和勇气；喝酒的时候让他喝醉，以观察他的本性修养；用利益对他进行引诱，以考察他是否清廉；把某件事情交付给他去办，以考察他是否值得信任。这七种方法都很实际，很具体，也很有实用价值。当然，在今天，这些办法并不一定都适用，例如用利益去引诱人、把人灌醉等，我们都不能再故意使用。但从这些方法的基本思路中，还是能给我们很多启发的。

法者，曲制、官道、主用也。

注释 曲制：曹操注曰：『曲制者，部曲、旗帜、金鼓之制也。』李筌曰：『曲，部曲也。制，节度也。』杨炳安《〈孙子〉会笺》中说：『「曲制」：汉简及其它各本皆如此，各家亦皆以部曲之制为解，唯俞樾谓「曲」乃「典」之误，并以《国语·周语》「瞽献典」明道本作「瞽献曲」为例，谓「是曲与典形近易混」之证。于鬯《香草续校书》之说，与此略同，并

法者，曲制、官道、主用也。

将者，智、信、仁、勇、严也。

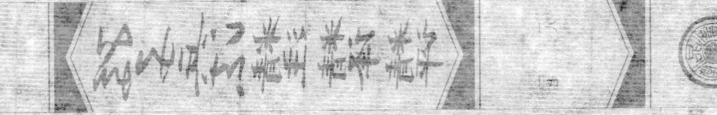

谓曹操以部曲之制释孙子之文为「不然」。按：用兵言「典」，古固有之。《左传》宣公十二年士会论楚军「能用典矣」，《潜夫论·劝将》亦有「典兵之吏」，故俞说有理。汉简作「曲制」，《管子·七法》亦有「曲制时举」之说。故两存之。「典」：法。「典制」：即指军中之法令制度。「曲」：指部曲。「曲制」：曹注谓「部曲、幡帜、金鼓之制」。而部曲之制，春秋时无，战国以后始见于史籍。」「曲制」，就是指军队的组织、编制等制度。官道：曹操注曰：「官者，五官之分也。道者，粮路也。」李筌注曰：「官，爵赏也。道，路也。」所谓「官道」，就是指军队中将士、官吏的职责划分和统辖管理等制度。主用：曹操注曰：「主用者，主军费用也。」李筌注曰：「主，掌也。用者，军资用也。」所谓「主用」，就是指军事开支和军事物资的供应管理制度。

译文 所谓「法」，就是军队的组织编制、职责统辖、物资供应等制度。

评点 「凡治众如治寡，分数是也。」（《孙子·势篇》）对于管理上万人、几十万人的军队来说，健全的制度是必需的。《尉缭子》中认为，凡是军队，必须先确定编制和军纪，只有这样，士兵才不会散乱。「凡兵，制必先定，制先定则士不乱，士不乱则形乃明。金鼓所指，则百人尽斗。陷行乱阵，则千人尽斗。覆军杀将，则万人齐刃。天下莫能当其战矣。古者，士有什伍，车有偏列，鼓鸣旗麾，先登者未尝非多力国士也，先死者亦未尝非多力国士也。损敌一人，而损我百人，此资敌而伤甚焉，世将不能禁。征役分军而逃归，或临战自北，则逃伤甚焉，世将不能禁。杀人于百步之外者弓矢也，杀人于五十步之内者矛戟也，将已鼓而士卒相嚣，拗矢折矛抱戟，利后发，战，有此数者，内自败也，世将不能禁。士失什伍，车失偏列，奇兵捐将而走，大众亦走，世将不能禁。」（《尉缭子·制谈》）书中列举了十二条必胜之道：连刑、地禁、全车、开塞、分限、号别、五章、全曲、金鼓、陈车、死士和力卒，认为「此十二者教成，犯令不舍」（《尉缭子·兵教下》），并通过重刑令、

伍制令、分塞令、束伍令、经卒令、勒卒令、将令、踵军令、兵教（上下）和兵令（上下）诸篇分别对这些具体内容进行了阐述。

其他一些军事家和军事理论家也对军队中制度的作用进行了强调。诸葛亮说：「有制之兵，无能之将，不可以败；无制之兵，有能之将，不可以胜。」（《诸葛亮集·文集》卷二《兵要》）在他看来，军队的制度和法令建设是比将帅才能更重要的决胜因素。明代抗倭名将戚继光在一线的军事实践中，深刻体会到军队制度建设的重要，在《练兵实纪》中，他说：「舍节制必不能军。节制者何？譬如竹之有节，节而制之，故竹虽虚，抽数丈之笋而直立不屈。故军士虽众，统百万之夫如一人。夫节制工夫始于什伍，以至队哨，队哨而至部曲，部曲而至营阵，营阵而至大将。一节相制一节，节节分明，毫不可干。金鼓各有所用，音不相杂；旗麾各有所用，色不相杂。人人明习，人人恪守。宁使此身可弃，此令不敢不守；此命可弃，此节不敢不重。视死为易，视令为尊。如此必收万人一心之效，必为堂堂无敌之师，百战百胜。」没有节制就不能称其为军队的观点，可谓对制度对于军队的重要性的恰当概括。

凡此五者，将莫不闻，知之者胜，不知者不胜。

注释 莫不：不能不。闻：知道，了解。知：与上文「闻」意思相近，深刻了解，掌握。

译文 对于这五个方面，将领都必须知道。真正掌握的人就能取得胜利，不能深刻了解的就不能取得胜利。

评点 作任何事情都要事先能够对各种情形做出恰当的分析，诸葛亮的隆中之对，可以为一兵法中的精髓提供一个有利的证明。

东汉末年，群雄并起，各地的割据军阀连年混战，都想扩大自己的势力范围，为日后取代汉王朝做准备。刘备素来就有大志，

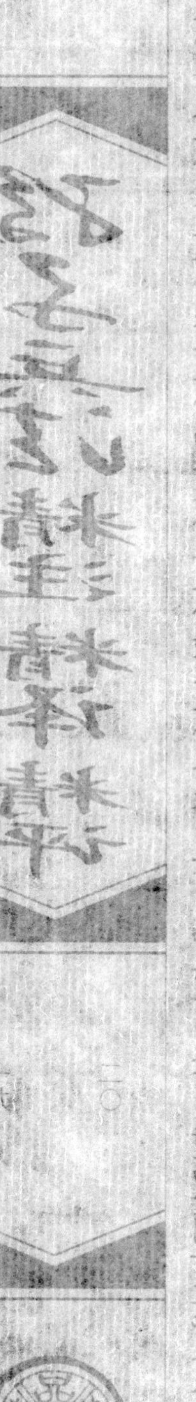

无奈事业一直不顺利，很久也没有建立起一支像样的武装，没有开辟一块可以立足的根据地。因此迫切地需要寻找一批有才能的人与自己一起发展，扭转被动不利的局面

后来，在荆州刘表处寄居的时候，根据司马徽和徐庶的推荐，刘备得知诸葛亮是个了不起的人才，就带着关羽、张飞，一起到隆中去请诸葛亮出来辅佐自己。

诸葛亮并不是荆州本地人，他的老家在琅琊郡阳都县，少年丧父，他的叔父就带着他来到荆州投奔刘表。后来，叔父也死了，诸葛亮就在襄阳以西的隆中定居下来，一面自种自吃，一面读书。等到他二十多岁的时候，已经是学问渊博、见识丰富了。虽然他一直住在隆中的草庐里，却时刻关心着天下大事，分析各路诸侯的实力和前途，思考平定天下的方法。他常常把自己比做春秋战国时期的管仲、乐毅，希望能够遇到齐桓公、燕昭王一样的明主，成就一番大事业。但是，在遇到有能力和能用人的明主之前，他宁愿隐居在隆中，过着恬淡的生活。

刘备第一次去拜访的时候，扑了个空，原来是诸葛亮得知刘备要来，故意避开了。于是刘备又去了第二次、第三次。诸葛亮终于被刘备的诚意所感动，刘备第三次来的时候，他就在自己的草庐中接待了刘备。

经过一席谈话，刘备对诸葛亮的能力和才华非常赞赏。于是，他直截了当的说明了自己的来意，他说：『如今汉室衰落，大权旁落在奸臣手里。我很想挽回这个局面，无奈自己能力太差，心有余而力不足，所以特意来请先生指教。』

通过观察，诸葛亮对刘备也已有所了解，因此他就推心置腹地与刘备谈起了自己对天下大事的认识。他说：『经过官渡一战，曹操战胜了袁绍，现在拥有百万兵力，而且他又挟天子以令诸侯，已经无人能凭武力与他争锋。孙权占据江东一带，已经历时三代了，现在已经站稳了脚跟，百姓都归附他了，再加上江东地势险要，还有一批有才能的人为他效力，这样，也只能和他联合，不能打他的主意。』

随后，诸葛亮指出，如果刘备想建立一块稳固的根据地，只有拿下荆州和益州。他向刘备分析了荆州和益州的形势。他说，荆州处于南北要冲，是一个军事要地，可是刘表做事优柔寡断，这块地方迟早会落入他人之手；益州土地肥沃、物产丰富，素来就有『天府之国』的美誉，可是它现在的主人刘璋是个懦弱无能的人，又不会用人，肯定也守不住这块地方。

最后，诸葛亮说：『如果将军您能占领荆、益两州，对外联合孙权，对内整顿内政，群策群力，积蓄力量，一旦有机会，就可以派人从荆州、益州两路发兵，讨伐曹操。到那时，有谁不箪食壶浆地欢迎将军呢。如果这样，就可以成就功业，恢复汉室了。』

刘备听他分析得头头是道，非常佩服，说：『听了先生的话，真是使我茅塞顿开啊！我一定听从您的意见，现在就请您和我一起下山大展宏图吧！』

诸葛亮也没有推辞，就跟着刘备到新野去了。从此以后，诸葛亮辅佐刘备，一步步地实现了自己的计划，造就了三足鼎立的局面。刘备也三分天下有其一，不但不用被人追得东躲西藏了，而且为进一步的发展奠定了坚实的基础。

故校之以计，而索其情，曰：主孰有道？将孰有能？天地孰得？法令孰行？兵众孰强？士卒孰练？赏罚孰明？吾以此知胜负矣。

注释 《通典》卷一五〇、《御览》卷二七〇引此句前均有『孙子曰：用兵之道』七字，现存各本皆无，孙星衍认为这七字为臆增。孰：谁，哪一方。《庄子·秋水》：『万物一齐，孰短孰长？』三国魏李康《运命论》：『名与身孰亲也？

得与失孰贤也？荣与辱孰珍也？』皆为此意。天地孰得：即哪一方能得到天时地利。行：认真执行。曹操注曰：『设而不犯，犯而必诛。』宋秦观《主术》中有：『政事之臣得以举其职，议论之臣得以行其言。』练：训练有素。明：严明，公正无私。《书·康诰》：『敬明乃罚』；《史记·淮南衡山列传》中有：『及谒者曹梁使长安来，言大将军号令明，当敌勇敢，常为士卒先』；韩愈《南海神庙碑》：『公正直方严，中心乐易，祗慎所职，治人以明』，皆为此意。此：指以上所说的『七计』。

译文

所以，通过各种情况的比较，来推断战争的情势：哪方的君主政治清明、有道德智能？哪方的将领有军事素质和才能？哪方占有天时和地利？哪方的法令能够贯彻执行？哪方的士兵强健物资充足？哪方的士兵训练有素？哪方的赏罚公正严明？通过以上七种形势的分析，我就能够知道谁胜谁负了。

评点

对于一个优秀的军事指挥员来说，战争的走势完全可以通过对双方力量的对比预测出来，并可根据事前的分析判断做出合理的应对策略。公元前42年，陇西的羌人叛乱，汉元帝同大臣们商讨平叛的大计，右将军冯奉世主动请缨前去征讨。汉元帝很高兴，就问他需要多少兵力。冯奉世认真分析了羌军的情况后，对汉元帝说：『需要六万人马，一个月内解决问题！』但是朝中的一些大臣认为，由于国家连年饥荒，发兵太多开支过大，国家负担起来会很吃力，用一万人去屯守就足够了。因此汉元帝只给了冯奉世一万两千人马，让他带任立和韩昌以屯田为名，率军向陇西进发。

冯奉世到达陇西后，命令任立为右军，驻扎在白石，韩昌为前军，驻扎在临洮，自己带领中军，驻扎在首阳以西。汉军与羌人打了两仗，结果都因寡不敌众，被羌人打败。

冯奉世无奈，只好向朝廷上书，请求增派三万六千人来增援。汉元帝接到奏报后，知道羌人难对付，立即增兵六万余人，

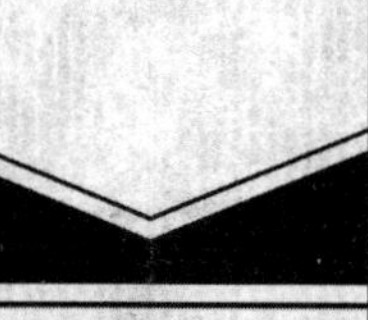

前去支持冯奉世。10月，大队人马进抵陇西。11月，汉军出击，羌军大败，溃散逃跑。

冯奉世对敌人的情况有深刻的了解，他先分析了羌军的情况，估计叛军有三万人，根据作战的一般规律和汉军的情况，提出用兵六万一月之内就能平息叛乱。但由于兵力不够，他在初战受挫后，又上书请求增援，才大获全胜。如果像朝中的一些大臣一样，不了解对方的实力，而是仅仅根据自己当时的情况盲目预测事情发展的结果和走向，并以此制定对策，遭到失败也是必然的。

将听吾计，用之必胜，留之；将不听吾计，用之必败，去之。计利以听，乃为之势，以佐其外。势者，因利而制权也。

注释

将：周亨祥《孙子全译》中说：『将：一说，读jiāng，通常视为助动词，实为语气副词，含假设语气。明赵本学《孙子书校解引类》云：「将字一作如字。」此即谓「将」犹「如」也。作如字就是实在的假设连词。这一说，无论「将」字词性归属如何，均认为此句为孙子激吴王之词，「吾」指孙子，下文「去」、「留」皆为孙子言之。此说首于陈皞、梅尧臣等。梅尧臣曰：「武以十三篇干吴王阖闾。故首篇以此辞动之。谓王将听吾计而用战必胜，我当留此也。王将不听我计而用战必败，我当去此也。」而戚继光《大学经解》谓「将」乃「将兵之将」，读jiàng，「去」「留」乃以国君对将言之。杨炳安《孙子会笺》云：「此二说皆可通。」以《新注》为代表的流行本注时并列二说，译则多取前说。按，虽「二说皆可通」，细审上下文意，当以前说为善。至于孟氏曰：「将，裨将也。」失之。』听：听从，采纳。计：指谋略，计谋，军事思想。

用之：周亨祥《孙子全译》论证说：『用之：亦有二说，一为「用兵」，「用战」，「之」为语气词，二为「任用」，即「任

用我领兵」，「任用我作战」，「之」为第一人称代词，二说皆可通，以第二说为善，下句「用之」准此。留之：我就留下。之，语气词。下句「去之」准此。「去」、「留」以孙子言之，顺。按，西周春秋时期，尤以春秋中前期以前为甚，非公卿大夫不可领兵，在朝为卿，在军为将，兵罢回朝为卿。战争胜败，不存在或不仅仅是「去」、「留」问题。春秋末，于形势所迫，偶用大族庶孽之有声望者，如田穰苴，然得胜罢兵后亦封为大司马。春秋时尚无「职业」将军。孙武此时仅图谋一时的领兵之务，以作为进身之阶，故有「去」、「留」问题。此问题由孙武提出，无疑加重了孙武身价的砝码，正因为孙武非「名正言顺」的将军，后又未闻有封侯为卿之事，当时人目之为「吴王客」，《越绝书》所载「巫门外大冢吴王客齐孙武家」是也。此否可备一说，录以就正方家。」

以：通「已」。势：兵势，即《势篇》中所论之「势」。佐：辅佐，辅助。外：曹操注曰：「常法之外也。」李筌也说：「佐其外者，常法之外也。」因：根据，依托，凭借。《孟子·离娄上》中有：「为高必因丘陵，为下必因川泽。」《后汉书·逸民传·矫慎》中也说：「隐遯山谷，因穴为室。」陆游《老学庵笔记》卷一中有：「建康城，李璟所作，其高三丈，因江山为险固。」利：有利于自己的条件。制：从，遵从。《商君书·更法》：「知者作法，而愚者制焉；贤者更礼，而不肖者拘焉。」《淮南子·泛论训》：「夫圣人作法，而万物制焉。」高诱注：「制，犹从也。」权：权变，根据客观条件的变化而灵活应对。曹操曰：「制由权也，权因事制也。」李筌曰：「谋因事势。」

译文 如果能够听从我的计谋，用兵作战一定就能够取得胜利，那我就留下来；如果不能听从我的计谋，用兵作战就一定会失败，那样我就离开。听从我的筹划有利的计策，于是就创造一种势态，有利我方外部的辅佐条件。所谓「势」，就是根据掌握有利于自己的条件，灵活应变，抓住战争的主动权。

评点 孙子十分强调军事战争的「势」，并且善于造「势」，提出了「势险节短」的战术。事实证明，他的这一战术是非常有效的，现仅以春秋时期的几场战役说明。

邾人城翼，还，将自离姑。公孙鉏曰：「鲁将御我。」欲自武城还，循山而南。徐鉏、丘弱、茅地曰：「道下，遇雨，将不出，是不归也。」遂自离姑。武城人塞其前，断其后之木而弗殊，邾师过之，乃推而蹷之，遂取邾师，获鉏、弱、地。（《左传·昭公二十三年》）

冬，十二月，吴子执钟吾子。遂伐徐，防山以水之。己卯，灭徐。徐子章禹断其发，携其夫人以逆吴子。（《左传·昭公三十年》）

吴阖闾选多力者五百人，利趾者三千人，以为前陈，与荆战，五战五胜，遂有郢。东征至于庳庐，西伐至于巴、蜀，北迫齐、晋，令行中国。（《吕氏春秋·简选》）

以上三个战例，第一个战例发生在公元前519年，鲁国的武城人利用居高临下之势，「遂取邾师」；第二个战例发生在公元前512年，吴国人以水造势，一举「灭徐」；第三个战例发生在公元前506年，吴国人充分贯彻了「势险节短」的战术，频繁攻击，「五战五胜，遂有郢」。通过这三个战例，我们可以充分发现孙子所说的「计利以听，乃为之势，以佐其外」；「势者，因利而制权也」在军事斗争上的有效性。

兵者，诡道也。故能而示之不能，用而示之不用，近而示之远，远而示之近。利而诱之，乱而取之，实而备之，强而避之，怒而挠之，卑而骄之，佚而劳之，亲而离之。攻其无备，出其不意。此兵家之胜，不可先传也。

注释

兵：军事行动。诡：诡诈。曹操曰：「兵无常形，以诡诈为道。」李筌曰：「军不厌诈。」能：能够，有能力。示：装做，显现，表示，把事物摆出来或指出来给人看。如：《礼记·礼运》：「刑仁讲让，示民有常。」韩愈《赠别元十八协律》诗之一：「临当背面时，裁诗示缱绻。」《宣和遗事》后集：「师成（梁师成）外示恭谨，中存险诈，假忠行佞，藉贤济奸，盗我儒名，高自标榜。」《书·武成》：「归马于华山之阳，放牛于桃林之野，示天下弗服。」《史记·廉颇蔺相如列传》：「相如奉璧奏秦王，秦王大喜，传以示美人及左右。」清叶廷管《吹网录·〈劫灰录补注〉跋并撰人辨》：「昆山李香引文学孙以所辑《劫灰録补注》示我。」

用：行事，行动。《诗·邶风·雄雉》：「不忮不求，何用不臧。」高亨注：「用，犹行也。」唐杜甫《戏作花卿歌》：「成都猛将有花卿，学语小儿知姓名。用如快鹘风火生，见贼惟多身始轻。」明徐渭《赠张君序》：「经称鹏之用，其将飞也必待海之运，其飞也必以怒。」「故能而示之不能，用而示之不用」一句《通典》卷一五三所引作「故能用示之不能用」，《孙子校释》认为「不宜省并」，认为：「『能』与『不能』乃以实力言之，而『用』与『不用』则以作战意图言之，二者各为一义，不宜省并。再查汉简本作「……用而视之不用」，是《孙子》故书本为两句。故仍依各本作两句为是。」

利：指货利，利益；诱：指引诱。《玉堂书钞》卷一一三、《太平御览》卷二七〇所引此句上均有「故」字。乱：这里指敌人内部混乱；取：攻取，取得利益。实：指敌人有实力；备：严加戒备。曹操曰：「敌治实，须备之也。」强：敌人强大；避：避开锋芒，不正面接触，曹操曰：「避其所长也」。怒：士气旺盛。《吕氏春秋·情欲》：「百病怒起，乱难时至。」北魏郦道元《水经注·河水四》：「激石云洄，澴波怒溢。」

挠：屈挠之意。《〈孙子〉会笺》中说：「『怒而挠之』；『怒』，指敌情，『而』系转折连词，『挠』指我方所应采

取之策略原则。……此句言敌若气势汹汹，逞怒而来，我则设法沮败其气焰，使之衰解。曹注『待其衰懈』，得之。杜注此句为「激之令怒」，张注「辱之令怒」，盖训「挠」为「挑」之意。按「挠」在此不训「挑」，而训「屈」、「折」。《国语·晋语》「挠志以从君」，即「屈」义，「且激怒敌人」之说亦似有疑。查《作战》篇有云：「杀敌者，怒也」，《行军》篇又云：「兵怒而相迎，久而不合，又不相去，必谨察之」，故激之令怒者应是我军。《左传》桓公八年，随季梁主张「怒我以怠寇」；文公十六年，楚师叔又说：「彼骄我怒，而后可克」，均可为左证。所以如此者，使生同仇敌忾之心而搴旗馘也。若敌怒而相迎则如何？「必谨察之」；既云「必谨察之」，则无激之令怒之意，无乃激之令怒以杀我乎？激之使怒，令其狂暴轻战，古固有之，然非此句之义。故杜、张之说皆似失之。」

卑：卑怯，衰微。《左传·昭公三年》：「公室将卑，其宗族枝叶先落。」《国语·周语上》：「王室其将卑乎！」韦昭注：「卑，微也。」晋陆机《辩亡论》：「皇纲弛紊，王室遂卑。」骄：怠慢，轻视。《国语·越语下》：「天道盈而不溢，盛而不骄，劳而不矜其功。」韦昭注：「不骄，不自纵弛。」《史记·项羽本纪》：「战胜而将骄卒惰者败。」《新唐书·藩镇传·吴少诚》：「河北悍骄，河南附起。」清李渔《奈何天·密筹》：「心如结，没钱粮，使军骄将怯。」佚：安逸，安闲。《御览》「佚」误作「引」。《墨子·尚同中》：「夫建国设都，乃作后王君公，否用泰也，卿大夫师长，否用佚也。」《文选·陈琳〈檄吴将校部曲文〉》：「是以大雅君子于安思危，以远咎悔，小人临祸怀佚，以待死亡。」张铣注：「佚，乐也。」宋洪适《赐赵密致仕不允诏》：「久奉祠而均佚，忽贡牍以遗荣。」清魏源《圣武记》卷十四：「邀其归路而截之，诱其近城而取之，佚能劳之，饱能饥之。」

劳：疲劳。曹操曰：「以利劳之。」李筌曰：「敌佚而我劳之者，善功也。」

亲：亲密。离：离间。《庄子·渔父》：「析交离亲谓之贼。」《史记·李斯列传》：「（秦王）阴遣谋士赍持金玉以游

说诸侯……离其君臣之计，秦王乃使良将随其后。』晋陆机《汉高祖功臣颂》：『规主于足，离项于怀。』清魏源《圣武记》卷二：『我军又纵反间离其党，吴应麒以疑杀数将。』曹操曰：『以间离之。』李筌曰：『破其行约，间其君臣，而后攻也。』意：意料，猜测。《新唐书·尉迟敬德传》：『众人意公必叛。』明王守仁《大学问》：『大人之能以天地万物为一体也，非意之也，其心之仁本若是。』传：传言，泄露。曹操注曰：『传，犹泄也。兵无常势，水无常形，临敌变化，不可先传也。故料敌在心，察机在目也。』李筌注曰：『无备不意，攻之必胜，此兵之要，秘而不传也。』

译文 军事原则，就是诡诈之法。有能力开战而装做没有能力开战，要展开攻打而装做不打算攻打，打算攻打近处却装做攻打远处，打算攻打远处又装做攻打近处。敌人贪图小利就用利益诱惑他上当，敌方混乱时就要抓住时机攻取他，敌人力量充实就要严加防备他，敌人实力强劲就要设法避开他。敌人士气旺盛，就要设法屈挠他，敌人自卑而谨慎，就要使他骄傲自大，敌人修整充分，就要使其劳累，敌人内部亲密团结，就要离间他们之间的关系。要攻打敌人没有防备的地方，在对方没有意料到的时候发动进攻。这些都是军事家取得胜利的奥秘，是不可事先泄露出去让大家都知道的。

评点 在这一段中，孙子提出了『兵者，诡道也』的著名论断，并提出了『诡道』的一些具体方法和体现。唐代李筌在为这一段做注时，引用了古代许多战例来说明其中『能而示之不能，用而示之不用，近而示之远，远而示之近。利而诱之，乱而取之，实而备之，强而避之，怒而挠之，卑而骄之，佚而劳之，亲而离之』在军事斗争中的运用。

在注『能而示之不能，用而示之不用』时，李筌曰：『言己实用师，外示之怯也。汉将陈豨反，连兵匈奴，高祖遣使十辈视之，皆言可击。复遣敬，报曰：「匈奴不可击。」上问其故。对曰：「夫两国相制，宜矜夸其长。今臣往，徒见羸老。此必能而示之不能，臣以为不可击也。」高祖怒曰：「齐虏以口舌得官，今妄沮吾众！」械娄敬于广武，以三十万众，至白登，

高祖为匈奴所围，七日乏食。此师外示之以怯之义也。』李筌所举的这一战例发生在公元前200年，即高祖七年，匈奴兵南下，围攻马邑。当时被封为代王的韩王信投降匈奴，匈奴人继续南下，围攻太原。消息传到长安，刘邦震怒，决定亲率二十余万大军北征匈奴，打算一举歼敌，消除北方的大患。到了晋阳，刘邦先后派了几批人前去侦探敌情。此时，匈奴故意把精锐士兵和肥壮的马匹都隐匿起来，只把老弱病残留在外面活动。回来的人都报告说，匈奴营中只有一些老弱残兵，连马都瘦得不能行动，只要果断出击，一定能大获全胜。于是刘邦一面亲率大军浩浩荡荡向北进发，一面又派刘敬去侦探敌情。当大军进至句注山时，到前方侦查的刘敬回来了。他向刘邦报告说：『赶快停止进军，千万不可轻易出兵。两军对阵，从来只有夸耀自己的长处的，以实力显示自己的军威，藉以震慑敌人。可是我此次前往，看到的尽是些老弱残兵，跛驼瘦马，这一定是匈奴故意这么做，冒顿单于肯定在暗地里埋伏着伏兵，诱我军上当，千万不要贸然进攻啊！』一向做事谨慎的刘邦这时候也犯了过于自信的毛病，他以为自己掌握的敌情是经过反复侦探得来的，不会有差错。即使其中有些出入，自己带领几十万大军，也不必有什么顾虑。因此，他不但没有听从刘敬的劝告，反而以扰乱军心的罪名令人把他押送广武。然后自己亲自率领先头部队，径自北上。刘邦赶到平城，就到城外的白登山观察情况。这时，突然四下里伏兵四起，杀声震天，匈奴兵将白登山团团围住。这时候后续部队早已被刘邦甩在了身后，先头部队被匈奴40万大军分割包围。刘邦被围在山上整整七天七夜，缺粮断水，几乎陷入绝境。无奈之下，刘邦只得依从了陈平的计策，用重金买通冒顿的阏氏（妻子）。在阏氏的劝说下，以及先前的两名汉军降将未能如期而来，使得冒顿疑心他们与汉军私通，于是网开一面。在大雾的掩护下，刘邦仓惶冲出重围，逃回平城。

注『近而示之远，远而示之近』，李筌曰：『令敌失备也。汉将韩信虏魏王豹，初陈舟欲渡临晋，乃潜师浮木罂，从夏

阳袭安邑，而魏失备也。耿弇之征张步，亦先攻临淄，皆示远势也。』这一战例发生在公元前205年，即汉高祖二年八月，事见《史记·淮阴侯列传》。刘邦建立西汉之后，魏王豹归降了汉朝，不久，他又以母亲生病为借口请求回去探望。一回到封地，魏王豹立即派兵切断了黄河西岸临晋关的交通，反叛了汉朝，而与楚国订立和约。汉高祖刘邦听到消息之后，采用了先礼后兵的方法，先派遣郦食其前往游说，希望魏王豹重新归顺朝廷，但魏王豹执意不听。于是，刘邦任命韩信为左丞相，率军进击魏王豹。此时，魏王豹在蒲阪驻扎重兵，封锁临晋关，抵抗汉军的进攻。韩信针对这种情况，采用疑兵之计，将船只摆开在河对岸，假装要从临晋渡河攻打魏军，同时让主力部队偷偷地前进夏阳，在夏阳乘坐一种名为木罂（一种木制的形似瓮、罐的渡河器材）的工具渡过黄河，径直袭击魏都安邑。魏王豹没有想到韩信的军队会奇兵天降，一时乱了阵脚，惊慌失措中匆忙领兵迎战汉军。韩信挥军奋战，一举俘获魏王豹，平定了魏地。

注『故利而诱之，乱而取之』，李筌曰：『敌贪利必乱也。秦王姚兴征秃发傉檀，悉驱部内牛羊，散放于野，纵秦人虏掠。秦人得利，既无行列，傉檀阴分十将，掩而击之，大败秦人，斩首七千余级。乱而取之之义也。』这一战例发生在408年，十六国中的后秦皇帝姚兴派儿子姚弼为大将，乞伏干归为先锋，带领三万军队进攻盘踞姑臧的南凉首领秃发傉檀。姚弼到达全城的时候，部下建议乘秃发傉檀犹豫不定之机，轻骑突进，掩袭姑臧，但是未被采纳。等到后秦兵至姑臧时，秃发傉檀已把姑臧周围三百里的平民都撤退到城里，还带着数万头牛羊，粮食充足，人员齐备。等到后秦军到了城下，傉檀下令把城里的牛羊全都放出去，顿时，姑臧城外漫山遍野都是乱跑的牛羊。姚弼的军队一见有这么多牛羊，阵势立刻就散乱了，士兵都不顾一切地脱离队伍去抓牛羊当战利品。秃发傉檀趁机派军队发起攻击，后秦军大败，被杀七千多人，姚弼本人也被南凉人

围困在姑臧的西苑，水源断绝，形势危急，幸亏增援的姚显及时赶到，才免遭全军覆没的厄运。

注『实而备之』，李筌曰：『备敌之实。蜀将关羽，欲围魏之樊城，惧吴将吕蒙袭其后，乃多留备兵守荆州。蒙阴知其旨，遂诈之以疾，羽乃撤去备兵，遂为蒙所取，而荆州没吴。则其义也。』这一战例就是三国年间著名的东吴吕蒙白衣渡江袭取荆州，关羽走麦城被俘的故事。

注『强而避之』，李筌曰：『量力也。楚子伐随，随之臣季梁曰：「楚人上左，君必左，无与王遇；且攻其右，右无良焉，必败。偏败，众乃携矣。」少师曰：「不当王，非敌也。」不从。随师败绩，随侯逸。攻强之败也。』公元前706年，楚武王率师侵伐小国随。进入随境之后，楚军把军队驻在现光山，打算先与随人谈判。楚国的大夫斗伯比对楚王说：随国前来谈判的人叫少师，这个人很狂妄自大。我们可以在他来的时候把精锐部队隐避起来，只留一些老弱残兵让少师看见。少师看见之后，回去必然要随侯来主动攻打我们，这时我们再用精兵围歼他们就易如反掌了。楚国的另一个大夫熊率且比说：『这虽然是一个好主意，但随国有季梁在，恐怕不能奏效。』楚王最后还是依从了斗伯比的计谋，随国派来的少师果然中计，他回去后极力主张随侯用兵。季梁知道其中有诈，极力劝阻随侯，但随侯没有听从他的劝告。等到两军厮杀之时，季梁通过对楚军的观察，对随侯说：『楚人以左为尊，楚王一定在左军之中，左军的实力一定强大。我们人马比楚国少，不宜与他们正面硬拼，不如攻击他的右军。右军没有良将，必然能够打败他们。右翼一败，楚军的军心就会受影响。我们趁机追击，一定能够取得胜利。』这一次，随侯又没有采纳季梁的计谋，结果大败。

注『怒而挠之』，李筌曰：『将之多怒者，权必易乱，性不坚也。汉相陈平谋挠楚，权以太牢具进楚使，惊曰：「是亚父使邪？乃项王使邪？」此怒（而）挠之者也。』在这里，李筌对『怒而挠之』的理解不是很恰当，应为使敌人的士气屈挠之意，

而非激怒敌人。

注『卑而骄之』，李筌曰：『币重而言甘，其志不小。后赵石勒称臣于王浚，左右欲击之，浚曰：「石公来，欲奉我耳。敢言击者斩！」设飨礼以待之。勒乃驱牛羊数万头，声言上礼，实以填诸街巷，使浚兵不得发。乃入蓟城，擒浚于厅，斩之而并燕。卑而骄之，则其义也。』这一战例发生在314年。南北朝时期，晋的幽州都督王浚企图谋反，石勒闻讯后，打算消灭王浚。此时双方力量对比，王浚势力相对强大，石勒怕一时难以取胜，决定用计消灭他。他派门客王子春带了大量珍珠宝物，敬献给王浚，并亲自写信给王浚，表示愿意拥戴他为天子。王子春在一旁又添油加醋，王浚信以为真。正在这时，王浚有个名叫游统的部下，正伺机谋叛王浚。游统找到石勒，想依靠他一起对付王浚，石勒却杀了游统，将游统首级送给王浚。这一来，王浚对石勒更加放心了。公元314年，幽州遭受水灾，老百姓没有粮食，王浚不顾百姓死活，各种苛捐杂税有增无减，导致民变蜂起，军心浮动。石勒得知消息后，知道消灭王浚的时机已经到来了，于是亲自率领部队攻打幽州。当石勒的部队到了幽州城下的时候，王浚还以为石勒是来拥戴他称帝的，根本没有应战的准备。在进入幽州的时候，石勒为了防备王浚的伏兵，预先带了数千头牛羊，城门一开，就把牛羊统统赶入城内，声称是送给王浚的礼物。这些牛羊将城内的大街小巷堵了个严严实实，军队如果再想调动，已经很困难了。石勒的军队进入幽州城之后，四处抢夺，王浚的左右请求镇压，王浚仍然抱有幻想，下令不准抵抗。直到自己被石勒将士捉住之后，后悔已经来不及了。

注『佚而劳之』，李筌曰：『敌佚而我劳之者，善功也。吴伐楚，公子光问计于伍子胥。子胥曰：「可为三师以肄焉。我一师至，彼必尽众而出；彼出我归。亟肄以疲之，多方以误之，然后三师以继之，必大克。」从之。楚于是乎始病吴矣。』这里李筌所举的，是公元前512年伍子胥向吴王阖闾提出的『三师以肄』的战略方针，即以三支部队轮番骚扰楚国。伍子胥

认为，只要吴军一军出动，便可以将楚军全部引出来。一旦楚军出动，吴军便退回；等到楚军也退回时，吴军再出动。这样，楚国军队便会疲于奔命，锐气尽灭，此时吴三军一起出击，便能一鼓作气，集中力量歼灭敌军。

注『亲而离之』，李筌曰：『破其行约，间其君臣，而后攻也。昔秦伐赵，秦相应侯间于赵王曰：「我惟惧赵用括耳，廉颇易与也。」赵王然之，乃用括代颇，为秦所坑卒四十万于长平。则其义也。』李筌这里所举的，是战国末年著名的长平之战。公元前262年（周赧王五十三年），秦军围攻韩国的上党（今山西沁河以东地区）。上党郡守冯亭抵挡不住秦军的进攻，就把上党献给赵国，想借赵国的力量抗击秦军，秦国于是调转矛头，引发了秦赵之间的长平（今山西高平西北）之战。当时赵国的名将赵奢已经去世，国相蔺相如也已经年老病重，赵国就派老将廉颇带兵抵抗秦兵。廉颇虽然此时年事已高，但骁勇不减当年，无奈秦兵锐不可当，所以廉颇就采取了固壁不战的策略。秦军历时三年，久攻不下，于是就想出了离间赵国君臣关系的计谋。公元前260年，秦国派人到赵国的都城邯郸散布谣言，说秦国不怕廉颇，只怕名将赵奢的儿子赵括。赵王果然上当，决定派赵括为将，替回廉颇。其实，赵括只会纸上谈兵，而没有实战经验，蔺相如一听赵王要用赵括代替廉颇，大为震惊，连忙抱病赶去劝谏赵王。蔺相如说：大王您仅凭别人的传言就要派赵括为三军主帅，赵括虽然读过许多他父亲流传下来的兵书，但他没有实战经验，不知战场上的调度与变通，怎么可以委以这么重要的任务呢？就连赵括的母亲也上书阻止赵王。她说：赵括小时候就开始学习兵法，谈论战场上的事情，认为天下没有比他更高明的。即使他的父亲与他辩论，也往往不能难倒他，但他父亲赵奢却从来没有说过赵括学得好。他说，打仗是关系到生死存亡的事情，赵括只不过眼高手低，随便说说而已。赵国如果不派赵括为将也就罢了，如果委任赵括为将，赵国一定葬送在赵括手里。所以千万不要派他为将。赵王还是不听。赵括取代廉颇之后，把原来的纪律都改了，将官也进行了更换。秦将白起听说后，设计断了赵括的粮道，并将赵军分隔为两半，

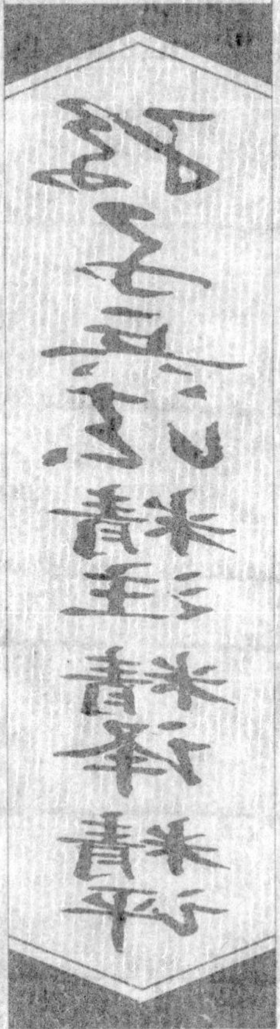

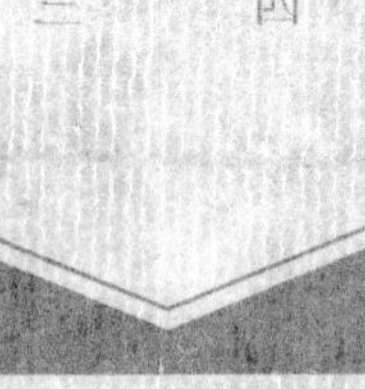

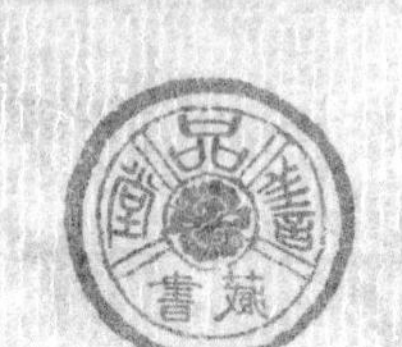

前后不能照应。过了四十多天以后，赵军因为没有了吃的，士卒军心离散。赵括不得不派精锐士兵冲出去决一死战，结果大败，赵括自己也被射死，数十万赵军投降，全部被白起活埋。从此，赵国一蹶不振。

夫未战而庙算胜者，得算多也；未战而庙算不胜者，得算少也。多算胜，少算不胜，而况于无算乎！吾以此观之，胜负见矣。

注释 庙算：指出征之前的筹划的预测。《〈孙子〉会笺》中说：「张注：『古者兴师命将，必致斋于庙，授以成算，然后遣之。』故「庙算」实乃战前之战略筹划。「庙」：本指祖庙，后即用作朝廷之代称。「庙算胜」：言战前于庙堂算计战争可能胜利。何以知道可能胜利？因「得算多也」。故此「得算」之「算」乃指算筹，亦即指获胜之条件。《孙膑兵法·客主人分》：「投算而战」，即指此。」算：胜利的条件，取胜的把握。《通典》一四八、《御览》三二二均无此「于」字。见：同「现」。李筌注曰：「夫战者，决胜庙堂，然后与人争利，凡伐叛怀远，推亡固存，兼弱攻昧，皆物情之所出，中外离心，如商周之师者，是为未战而庙算胜。太一遁甲置算之法，因六十算已上为多算，六十算已下为少算；客多算临少算，主人败；客少算临多算，主人胜。此皆胜败易见矣。」

译文 战端未开就能预计到会取得胜利，是因为筹划周密，占据的胜利条件多；战端未开就能预计到不会胜利，是因为筹划不周密，占据的胜利条件少。筹划周密，取胜的条件充分，就能胜利；筹划不周密，取胜的条件不充分，就不能胜利，何况不作筹划，根本就没有胜利的条件呢？根据这些情况来观察，军事行动的胜败就显而易见了。

评点 「庙算」是《孙子兵法》中提出的重要战略思想之一，这一思想不只在军事领域使用，而且可以推广到社会生

活的方方面面。无论做任何事情，事先都要有精密的计划或谋划，根据分析和判断，预测可能会出现的各种结果，并相应地采取应对措施。尤其是在激烈竞争或情况复杂的情形下，事先的分析和谋划显得更为重要，必须根据各方面的力量对比，制定适宜的措施，采取不同的方法。否则，莽撞从事，一味蛮干，肯定不会有好结果。

战国时，秦昭王派使臣王稽出使魏国，见到了当时正在魏国受迫害的范雎，经交谈王稽发现范雎是个难得的人才，决定把他带到秦国。当王稽偷偷地带着范雎一同乘车到了秦国的湖关时，远远看见从西边驰来一队车马。王稽说：「一定是丞相穰侯到东边各县巡视来了。」

范雎说：「我听说穰侯厌恶诸侯国的来客。如果他发现我，一定会羞辱和难为我，我得藏进车里去。」

一会儿，王稽的车队和穰侯的车队就相遇了。一见面，穰侯先慰问了王稽一番，然后就站在车旁问：「关东一带发现什么情况了吗？」

王稽回答说：「没有。」

穰侯又问：「您这次回来，有没有带其它诸侯国的客人一起来？我看，带他们来一点好处也没有，只会扰乱国家而已。」

王稽说：「我哪敢这样做呢？」

穰侯离去后，范雎从车中出来，说：「穰侯是个聪明人，不过反应慢一些。刚才他怀疑车中有人，却没有想起来搜查，过后一定会后悔，还会派人回来寻找的，我下车先走吧。」

范雎走出去没有几里地，穰侯果然派骑兵回来搜查王稽的车子，骑兵回来报告说没查到人，他才放心离去。这样，范雎才得以和王稽一同潜到秦都咸阳，见到了秦昭王。

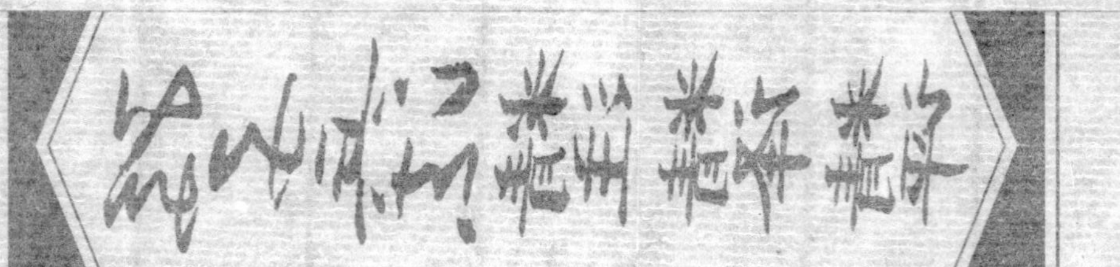

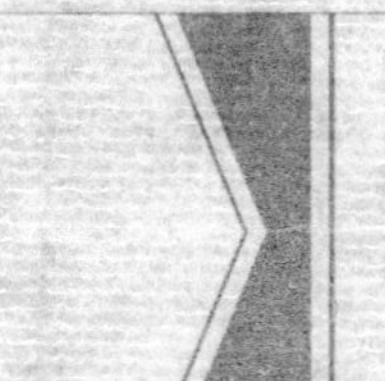

范雎说：「我听说穰侯独揽秦国的大权，讨厌诸侯国的来客。如果他发现我，一定会羞辱我的，我暂且躲在车里去。」

范雎通过过人的判断和分析能力，将穰侯的行动掌握得一清二楚，然后采取了合理的应对策略，从而使自己一直处于主动地位。如果范雎不能做到防患于未然，能不能到达秦国都很难说，更不用说帮助秦王一起成就霸业了。这说明，在与别人斗智斗勇的过程中，了解对方，是必要的前提之一。

据历史记载，商朝末年，纣王无道，比干被杀，箕子被囚，微子奔周。周武王问姜子牙：『现在商朝的仁者和贤者死的死逃的逃，可以伐商了吗？』姜子牙说：『先谋后事者昌，先事后谋者亡。』意思是告诉武王，如果想做成一件事，必须先做好充分的准备，掌握好时机，不能贸然行事。这句话看起来平淡，却包含着无穷的哲理，是做任何事情时都必须牢记的。

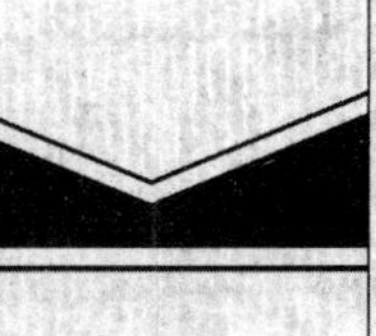

第二章 作战篇

孙子曰：凡用兵之法，驰车千驷，革车千乘，带甲十万，千里馈粮。则内外之费，宾客之用，胶漆之材，车甲之奉，日费千金，然后十万之师举矣。

注释

法：法则，规律，常规。如辛弃疾《议练民兵守淮疏》：『窃计两淮户口不减二十万，聚之使来，法当半至，犹不减十万。』驰车：攻战用的轻车，驾四马。驷：四匹马拉的车，这里做量词。驰车驾四马，所以以『驷』为单位。『千驷』即千辆驰车。

革车：运输粮草辎重等军需物资用的车辆。关于『驰车』、『革车』及其编制，《〈孙子〉会笺》中根据各家注解做了一些考证：『曹注：「驰车，轻车也，驾驷马。革车，重车也，言万骑之重。车驾四马，率三万军。养二人，主炊；家子一人，主保守衣装；厩二人，主养马，凡五人。步兵十人。重以大车，驾牛；养二人，主炊；家子一人，主守衣装，凡三人也。」孙治让云：「曹氏盖谓凡轻车一乘，骑卒十人、步兵十人、养二人、家子一人、厩二人，共二十五人；重车一乘，养二人、家子一人，共三人。两共一十八人。」而杜牧、张预等则谓轻车一乘，甲士、步卒共七十五人；重车一乘，固守衣装、厩养、樵汲共二十五人，两车共百人。孙治让同意曹注，谓杜引《司马法》与张引曹操《新书》乃「隋唐间人伪托曹氏新书，有此妄说，而杜又误属之司马法，宋以后人卒沿其缪」，故皆「不可信」。按孙说是。传本《司马法》亦未见有此记载，而《禹鼎》则有「戎车百乘，斯（厮）二百，徒千」之铭文，步卒之数与杜、张之说亦远不相符。《汉书·刑法志》讲古丘甸之制时曾指出，甸要赋「兵车一乘，牛十二头，甲士三人，卒七十二人」。甲士、步卒虽为七十五人，然此乃指军赋，而非车卒编制。

杜、张其未察欤？又，王注云：「驰车谓驾革车也」，而「革车」——「兵车也」，非如杜注所谓「辎车」或张注所谓「守车」。按《左传》闵公二年有「革车三十乘」，《国语·齐语》称桓公时「有革车八百乘」，此「革车」自非特指「辎车」或「重车」，乃泛指兵车或战车，故王注也非无理。且如必以「驰车」为战车，而以「革车」为轴车，岂战车一乘亦需辎车一乘乎？今皆存之。」

乘：读为sheng，春秋时多指兵车，包括一车四马。如《左传·宣公十二年》：「而卒乘辑睦，事不奸矣。」杨伯峻注曰：「步兵曰卒，车兵曰乘。」这里用作量词，用以计算车子的数量。《左传·成公十八年》：「晋栾书、中行偃使程滑弑厉公，葬之于翼东门之外，以车一乘」；《汉书·游侠传·原涉》：「宾客车数十乘，共送涉至狱」；北魏杨衒之《洛阳伽蓝记·景兴尼寺》：「帝给步挽车一乘，游于市里」，皆是此用法。带甲：「甲」，指士卒穿的铠甲，多用皮革、金属等制成。《周礼·考工记·函人》：「函人为甲，犀甲七属，兕甲六属，合甲五属。」《史记·仲尼弟子列传》：「甲坚以新，士选以饱。」唐韩愈《与凤翔邢尚书书》：「今合下为王爪牙，为国藩垣，威行如秋，仁行如春，戎狄弃甲而远遁。」；「带甲」：春秋战国时称武装士卒为「带甲」，如《史记·苏秦列传》：「地方二千里，带甲数十万。」

十万：曹操注曰：「带甲十万，士卒数也。」李筌曰：「车一两，驾以驷马，步卒七十人，计千驷之军，带甲七万，马四千匹。孙子约以军资之数，以十万为率，则百万可知也。」馈粮：运送军粮。《后汉书·王符传》：「或转请邻里，馈粮应对。」《三国演义》第九九回：「千里馈粮，士有饥色；樵苏后爨，师不宿饱。」「馈」：运送，运输，供应，汉贾谊《论积贮疏》：「卒然边境有急，数十百万之众，国胡以馈之？」宋范仲淹《上攻守二策状》：「久戍则军情以殆，远馈则民力将竭。」汉简本与《御览》卷三〇六所引该句「馈粮」均作「而馈粮」。内外：指国内国外，前方后方。十家注本和汉简本「内外」上有「则」字，武经本和樱田本没有；汉简本和《御览》卷三〇六所引此句「内外」均为「外内」。

宾客：指来往于诸侯国之间的游说之士。杜牧注曰：「军有诸侯交聘之礼，故曰宾客也。」张预注曰：「宾客者，使命与游士也。」另：《论语·公冶长》：「赤也，束带立于朝，可使与宾客言也。」邢昺疏：「可使与邻国之大宾小客言语应对也。」《史记·屈原贾生列传》：「〔屈原〕入则与王图议国事，以出号令；出则接遇宾客，应对诸侯。」胶漆：「胶」和「漆」都是古代制作和维护弓矢、铠甲等军用物资的材料，这里泛指各种军用材料。车甲：车辆和铠甲。这里泛指武器装备。奉：供应。千金：李筌曰：「夫军出于外，则帑藏竭于内；举千金者，言多费也。」师：《通典》卷一四八、《御览》卷三〇六「师」均作「众」。举：兴起，发动，出动，特指兴兵。《史记·春申君列传》：「王又举甲而攻魏。」《汉书·项籍传》：「梁乃召故人所知豪吏，谕以所为，遂举吴中兵。」宋苏轼《休兵久矣而国用益困策》：「昔先皇帝震怒，举大兵问罪匈奴。」《史记·淮阴侯列传》：「今大王举而东，三秦可传檄而定。」

译文 孙子说：根据用兵作战的一般规律，凡是军队出动，就要动员轻重战车上千辆，全副武装的士卒十万人，还要不远千里地运送和供应粮草。这样，前方后方的开支，外来于诸侯国之间使节所需的花销，制作和维护各种军用物资所需的材料，供应和补给武器装备的费用，每天的耗资都会有千金之多。这些都有了保障之后，十万大军才能顺利地出动。

评点 两方交战，不仅是计谋之争，还是经济实力的较量，孙子在《作战篇》中一开始就提出的这一观点，被历史上的军事家和政治家所赞同。

据《汉书》记载，楚汉战争中，刘邦的谋士郦食其向刘邦分析战争的胜负形势时说：「臣闻之，知天之天者，王事可成；不知天之天者，王事不可成。王者以民为天，而民以食为天。夫敖仓，天下转输久矣，臣闻其下乃有藏粟甚多。楚人拔荥阳，

不坚守敖仓，乃引而东，令适卒分守成皋，此乃天所以资汉。方今楚易取而汉后却，自夺便，臣窃以为过矣。且两雄不俱立，楚、汉久相持不决，百姓骚动，海内摇荡，农夫释耒，红女下机，天下之心未有所定也。愿足下急复进兵，收取荥阳，据敖仓之粟，塞成皋之险，杜太行之道，距飞狐之口，守白马之津，以示诸侯形制之势，则天下知所归矣。』在这里，郦食其把『食』作为决定战争的关键中的关键（『天之天』），并认为项羽『不坚守敖仓』必致其失败。

刘邦建立汉朝以后，与大臣商量定都于何处。大臣刘敬主张定都关中地区，而刘邦身边的一些人都是山东人，大多劝他定都洛阳，认为『雒阳（即洛阳）东有成皋，西有殽黾，倍河，向伊雒，其固亦足恃』。刘邦犹豫不下。这时，张良劝他说：『雒阳虽有此固，其中小，不过数百里，田地薄，四面受敌，此非用武之国也。夫关中左殽函，右陇蜀，沃野千里，南有巴蜀之饶，北有胡苑之利，阻三面而守，独以一面东制诸侯。诸侯安定，河渭漕挽天下，西给京师；诸侯有变，顺流而下，足以委输。此所谓金城千里，天府之国也，刘敬说是也。』意思是说，洛阳虽然有险要的地势可以凭借，但是中间地区狭小，不过几百里的面积，并且土地贫瘠，四面受敌，不是一个理想的用武之地。而关中左有崤山、函谷关，右有陇山、岷山，中间有数千里的肥沃土地，南面与富饶的天府之国巴蜀相连，北边有草原的畜牧之利，西北南三面可以凭险防守，东面可以控制诸侯。如果诸侯安定无事，黄河和渭河还可以用来运输全国的粮食和其它物资，以供应京城使用；如果诸侯叛乱骚动，大军就可以顺流而下，足可以运输军队的军事物资。只有这样的地方才是理想的定都场所。最终，刘邦听从了张良的劝说，选择了关中的长安作为了首都。（《史记·留侯世家》）

正因为战争耗费巨大，没有足够的储备就没有打赢的把握，因此孙子的这一论述也可以作为他的『慎战』思想的反映和佐证。没有充足的准备，物资不够而贸然发起战争，就很难逃脱灭亡的命运，这正如《韩非子·亡征》中所说：『无地固，

城郭恶；无积蓄，财物寡。无守战之备而轻攻伐者，可亡也。』在记录明朝开国皇帝朱元璋的言论的《明太祖宝训》中，也多次提到这一观点。洪武三年正月甲辰，朱元璋对手下的文武大臣说：『用兵之道，必先固其本。本固而战，多胜少败。何谓本？内是也。内欲其实，实则难破。何谓实？有备之谓也。后世不知务此，至有战胜之余，遂亡武备，往往至于取败。人孰不曰：天下平定之时，可以息兵偃武。殊不知治兵然后可言息兵，讲武而后可言偃武。若晋撤州郡之备，卒召五胡之扰；唐撤中国之备，终致安史之乱。此无备之验也。夫当天下无虞之时，正须常守不虞之戒。然则武备其可一日而忘哉！』（《明太祖宝训》卷六《武备》）朱元璋所讲的『实内』、『有备』，虽然他强调的是军队的建设，但除此之外，还应当包括物资的充足准备，只有这样，才能『常守不虞』。洪武二十年十月己酉，朱元璋与诸将论兵政的时候，又说：『国家用兵，犹医之用药。蓄药以治疾，不以无疾而服药。国家未宁，用兵以戡定祸乱，及四方承平，只宜修甲兵，练士卒，使常有备也。盖兵能弭祸，亦能召乱。若恃其富强，喜功生事，结怨启衅，适足以召乱耳。正犹医家妄以瞑眩之药强进无病之人，纵不残躯陨命，亦伤元气。故为国者但当常讲武事，不可穷兵黩武。尔等皆有军旅之寄，宜深体朕意，庶几无失。』（《明太祖宝训》卷五《谕将士》）他在这里所强调的『不可穷兵黩武』，既是他戎马生涯的体会，也是他二十年在位经验的总结。

其用战也，胜久则钝兵挫锐，攻城则力屈，久暴师则国用不足。

注释 其用战也，胜久则钝兵挫锐：关于此句，历代版本和注本中有不同表述和理解，歧异纷出。在现代各家注解中，《〈孙子〉会笺》作『其用战也胜，久则钝兵挫锐』；《孙子校释》中作『其用战也，胜久则钝兵挫锐。』并对该句均有考证，现分别引述如下，可互为参照。《〈孙子〉会笺》：『各本颇不一致，汉简作「……用战胜久则……」《略解》作「其用战

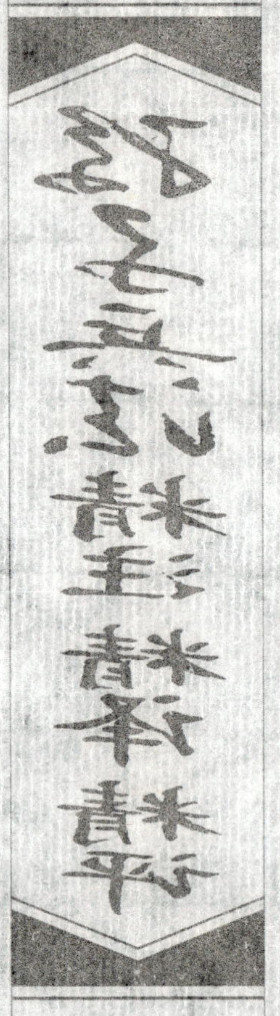

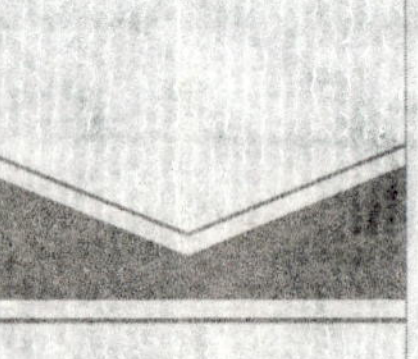

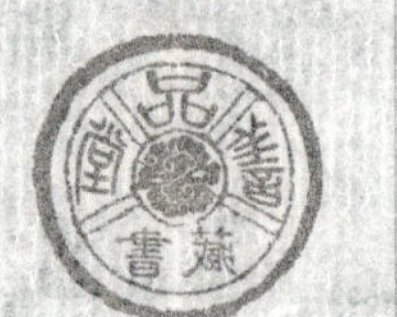

也胜，久则……」《武经》作「其用战也贵胜，久则……」由于文字存有歧异，就引起许多问题。作「胜久」，如杜注解为「淹久而后能胜」、梅注「虽胜且久」与王注「求胜以久」等，皆失牵附。茅元仪《武备志》将「其用战也胜」属之上节，以为上节之结语。然上节至「然后十万之师举矣」，文意业已完足，不宜再加「其用战也胜」。且本节若自「久则钝兵挫锐」起始，亦觉突兀。于鬯因「胜久」费解，故谓「也胜」二字当倒转，作「其用战胜也」。叶大庄则谓「胜」上应有「贵」字，赵本学说同。俞樾则谓应作「其用久也，战胜（读若陈）则……」。左枢与易培基则谓「胜」乃衍字，即应作「其用战也，久则……」。按：作「其用战也，久则……」文意亦通，唯查下文有「兵贵胜，不贵久」，故未可贸然断定「胜」必衍字，原文脱「贵」字亦非绝不可能。唯作「贵胜」，不可直解「胜」为胜利，否则无义。用兵打仗岂有贵败之理！「胜」当为「速」之借字。「胜」、「速」双声，例可通假。俞樾《古书疑义举例》云：「双声、迭韵字之可通用者，不可胜举。」朱墉《汇解》引沈友注云：「贵胜即贵速」，是。沈友乃魏、晋间人，其据本有「贵」字，说明孙子故书本有此字，而后脱耳。「钝」：汉简作「顿」，通。《史记·贾谊传》「莫邪为顿兮」《索隐》：「顿读若钝。」《左传》襄公四年「甲兵不顿」《正义》：「顿为挫伤折坏也。」「钝兵挫锐」，即锋锐被挫之意。又《战国策·秦策》「甲兵顿」，高注：「罢也。」」《孙子校释》：「汉简本作「……用战，胜则久钝……」，无「也」字，「钝」作「顿」。「钝」、「顿」二字古通。《御览》卷二九三引此，亦作「顿」。又平津馆本作「其用战也胜，久则钝兵挫锐。」孙校本作：「其用战也，胜久，则钝兵挫锐。」各本此句字虽同，然而句读各异。按：「胜」字若属上读则与久字文义失应。茅元仪《兵诀评》将「其用战也胜」归之上节，以为上节之结语，然上节至「然后十万之师举矣」文意已足，且如此，本节以「久则钝兵挫锐」起始，亦殊突兀。于鬯《香草续校书》则谓「其用战也胜」应作「其用战胜也」。俞樾《平议》又谓应作「其用久也，战胜（读若陈）则……」亦皆未妥。赵注本谓：「胜上疑脱一贵字，承上文言，所费之广如此，其用战也，宜以速胜为务。」叶大庄《退学录》说同。按：此说虽不为无见，然以本义释「胜」，则仍久通。且如此，亦仍与「久」字失应。朱墉《武经七书汇解·孙子》（以下简称《汇解》）引沈友曰：「贵胜即贵速」，下文亦作「兵贵胜，不贵久」。又左枢《孙子注笺》以原文费解而谓「胜」乃衍文，此句应作「其用战也，久则……」。易培基《读孙子杂记》（一九一九年《国故》第三、四期，以下简称易培基《杂记》）说同。其义仍在「速」字。但从汉简本看，「胜」字似应当下读。汉简本「钝」作「顿」，《御览》卷二九三同，古字通。」两说有同有异，关于「胜」字应上读还是下读，今取后说。钝：疲惫，困乏。挫：挫伤，消磨。锐：锐气。

屈：此处应读为jué，竭尽，穷尽的意思。《汉书·食货志上》：「生之有时，而用之亡度，则物力必屈。」颜师古曰：「屈，尽也。」宋王安石《和平甫舟中望九华山》之二：「诗力我已屈，锋铓子犹铦。」暴：读为pù，显露，暴露的意思，这里指暴师于外。《汉书·樊哙传》有：「暴师灞上」。国用：国家的开支用度。

译文

劳师费财地用兵打仗，就需要速胜，如果旷日持久，就会使军队疲惫，锐气挫伤。强攻城邑，又必然会致使兵力大量损耗。军队长期在外作战，就会使国家的开支用度产生困难。

评点

孙子认为，如果战争旷日持久，就会使军队疲惫，锐气挫伤。因此，在有的时候，战略上的持久战也是必要的。毛泽东在《论持久战》中创新性地运用了这一原理，对孙子的论述反其道而行之，从而提出了大败日本帝国主义的正确的指导思想。毛泽东说：「「为什么是持久战」这一个问题，只有依据全部敌我对比的基本因素，才能得出正确的回答。例如单说敌人是帝国主义的强国，我们是半殖民地半封建的弱国，就有陷入亡国论的危险。因为单纯地以弱敌强，无论在理论上，在实际上，都不能产生持久的结果。单是大小或单是进步退步、多助寡助，也是一样。大并小、小并大的事都是常有的。进

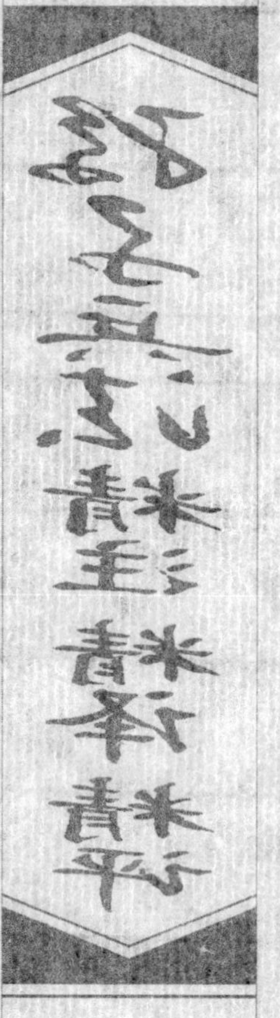

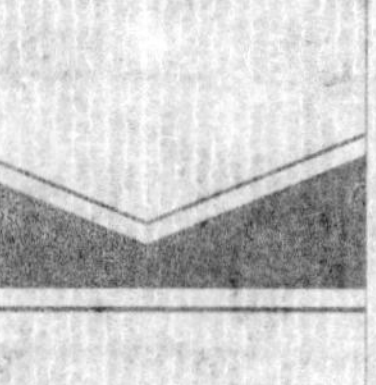

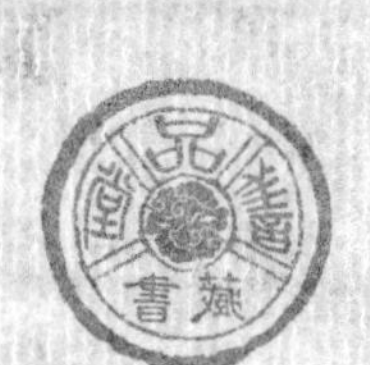

步的国家或事物，如果力量不强，常有被大而退步的国家或事物所灭亡者。多助寡助是重要因素，但是附随因素，依敌我本身的基本因素如何而定其作用的大小。因此，我们说抗日战争是持久战，是从全部敌我因素的相互关系产生的结论。敌强我弱，我有灭亡的危险。但敌尚有其它缺点，我尚有其它优点。敌之优点可因我之努力而使之削弱，其缺点亦可因我之努力而使之扩大。我方反是，我之优点可因我之努力而加强，缺点则因我之努力而克服。所以我能最后胜利，避免灭亡，敌则将最后失败，而不能避免整个帝国主义制度的崩溃。」『目前敌尚能勉强利用其强的因素，我之抗战尚未给他以基本的削弱。其人力、物力不足的因素尚不足以阻止其进攻，反之，尚足以维持其进攻到一定的程度。其足以加剧本国阶级对立和中国民族反抗的因素，即战争之退步性和野蛮性一因素，亦尚未造成足以根本妨碍其进攻的情况。敌人的国际孤立的因素也方在变化发展之中，还没有达到完全的孤立。许多表示助我的国家的军火资本家和战争原料资本家，尚在唯利是图地供给日本以大量的战争物资，他们的政府亦尚不愿和苏联一道用实际方法制裁日本。这一切，规定了我之抗战不能速胜，而只能是持久战。中国方面，弱的因素表现在军事、经济、政治、文化各方面的，虽在十个月抗战中有了某种程度的进步，但距离足以阻止敌之进攻及准备我之反攻的必要的程度，还远得很。且在量的方面，又不得不有所减弱。其各种有利因素，虽然都在起积极作用，但达到足以停止敌之进攻及准备我之反攻的程度则尚有待于巨大的努力。在国内，克服腐败现象，增加进步速度；在国外，克服助日势力，增加反日势力，尚非目前的现实。这一切，又规定了战争不能速胜，而只能是持久战。」

战争的发展也正证明了毛泽东的这一科学战略决策的正确性。战争进行了15个月之后，中国虽然很快就丢失了政治、经济、文化中心的华北、华东等地，但成功地消耗了日本的国力，战争的实际进程为日本始料不及，日本的战争能力开始暴露出严重破绽。在财力上，从1937年7月到1938年3月，日本连续4次追加的临时军费，累计达74亿日元，是甲午战争、日俄战争、

一战和『九·一八』占领东北的战争四次对外战争战费总和的1.63倍，造成日本财政拮据。在人力上，15个月的战争使日本伤亡45万人，迫使日本一再扩军。日本军队原有17个师，到1938年，总数就翻了一番。1938年8月1日，侵华日军中的现役兵仅占11.3%，预备役兵占22.6%，后备役兵占45.2%，补充征兵占20.9%，兵员的动员出现窘况。在物力上，开战之初，日本以为无需大规模的军需动员，仅凭现有的军需储备就可以一举击败中国。但是，随着战争的不断扩大和时间的延长，军需物资的消耗直线上升，日本被迫于1937年10月－1938年3月进行了『中国事变第一次军需动员』，又于1938年4月1日－1939年3月31日实施了第二次军需动员计划，但仍然达不到战争的实际需要。同时，由于日本国内资源匮乏，其经济严重依赖于外贸。因侵华战争的需要，日本不得不把大量物资变成军需品，其出口物资相应下降，这样就不能从国外换回其所需物资，从而形成恶性循环。1938年上半年，日本进、出口分别比上年同期减少了32.9%和19.6%，同时战争还在大量消耗物资，日本只好动用国内的黄金外汇储备。1938年，日本原有的388吨黄金储备仅剩下25吨。即使这样，仍然不能解决战争带来的物资匮乏问题。

在这种情况下，日本不得不加强对各占领地区人民的掠夺，这种掠夺政策必然招致人民更大的反击，战争的持续使日本越来越困难。从1939年始，日本在国内实行战时《粮食管理法》和『义务交售制』，强迫农民把生产的大部分粮食按官价卖给政府。到1941年，消费资料生产比1935－1937年下降28.4%。从4月起，人民的生活处于极度困难之中。战争的持久和消耗使日本财政更趋恶化，战前，日本为扩充军备国债就高达100亿日元，1937－1941年，日本总开支达500亿日元，直接军费占350亿日元。日本虽扩大捐税，其总税收也只及开支的1/3，其余只能通过加紧掠夺及发行国债和货币来弥补。1936—1941年间，日本国内货币流通量就从26亿日元猛增至79亿日元，财政面临崩溃。在财政困难的同时，持久消耗战迫

使日本不得不尽可能地扩大军工生产，在原料供应方面出现了严重短缺。日本国土狭小、资源贫乏，到1941年，日本所掌握的国内外全部资源中，煤炭只能达到需求量的88.3%，石油、铁矿石、钢、铝、锌、工业盐和大米能达到需求量的比例分别为18.4%、42.4%、43%、15%、18.4%、10%、80%～85%。镍矿石和天然橡胶全部依赖进口。因此，日本的失败，几成定局。

夫钝兵挫锐，屈力殚货，则诸侯乘其弊而起，虽有智者不能善其后矣。

注释 屈力殚货：《通典》卷一四八、《御览》卷二九三作「力屈货殚」。殚：尽，竭尽，枯竭。《晏子春秋·问上十二》：「今君税敛重，故民心离；市买悖，故商旅绝；玩好充，故家货殚。」王昌龄《代扶风主人答》诗：「老马思伏枥，长鸣力已殚。」龚自珍《己亥杂诗》之六十：「华年心力九分殚，泪渍蟫鱼死不干。」货：指国家的财力物力。弊：衰落，疲困，危机。《国语·郑语》：「公曰：「周其弊乎？」对曰：「殆于必弊者。」」韦昭注：「弊，败也。」诸葛亮《出师表》：「今天下三分，益州罢弊，此诚危急存亡之秋也。」王安石《和吴御史汴渠》诗：「郑国欲弊秦，渠成秦富强。」虽有智者：汉简本作「虽知者」。善：妥善处理，使结果完美。宋李纲《与秦相公书》：「今并与岳飞一军，徙屯他路，则某区区愚见，不知所以善后矣。」清魏源《圣武记》卷十：「川、陕、楚军务将竣，其善后事宜，莫若扼形势为控制。」苏轼《送范经略分韵赋诗》：「谋初要百虑，善后乃万全。」

译文 如果军队疲惫、锐气挫伤，军力损折、财货耗尽，其它的诸侯就可能乘着本国处于困境的时候而前来进攻。如果出现这种局面，即使有足智多谋的人，也无法妥善处理了。

评点 两国相争，第三方坐山观虎斗，最终渔翁得利的例子在历史上比比皆是，李筌在为这段论述做注时，举了隋朝末年隋炀帝穷兵黩武，杨玄感、李密趁机而起的例子进行了说明。他说：「十万众举，日费千金，非唯顿挫于外，亦财殚于内，是以圣人无暴师也。隋大业初，炀帝重兵好征，力屈雁门之下，兵挫辽水之上。疏河引淮，转输弥广，出师万里，国用不足。于是杨玄感、李密乘其弊而起，纵苏威、高颎，岂能为之谋也？」

其实，这一类的例子在诸侯争霸的春秋战国时期也有许多。战国时期，韩国和魏国互相攻伐，打了整整一年，还没有分出胜负。秦惠王想做个中间人，劝说他们停止战争。他召来群臣问道：「我想使韩魏两国停火，诸位以为如何？」

这时，有个楚国来的客卿，名叫陈轸，他没有直接回答秦王的问题，而是问他：「请问大王想统一天下吗？」

秦王说：「当然想，您有什么妙计吗？」

陈轸说：「妙计倒没有，我有一个『卞庄子刺虎』的故事，不妨讲给您听听，也许对您有所启发。」

秦王说：「很好，你讲吧。」

陈轸说，春秋时期，鲁国有个武艺高强的人，名叫卞庄子。有一天，他路过一个地方，听说当地有两只老虎，经常出来伤害禽畜，甚至曾经咬伤、咬死人。卞庄子决定为民除害，带了一把青铜剑，就要进山去打虎。他所住的旅店里的一个小伙计，也要陪他同去。

两人走到一个山谷里，终于发现了一大一小两只老虎，它们正在吃一头牛。卞庄子拔剑就要冲上去。小伙计说：「您先不要性急。你看，它们正在津津有味地吃牛肉，吃到最后一定会相互争夺，一争夺就必定会互相厮咬起来。如果一只被咬死，一只被咬伤，这时你再冲上去，对付一只受伤的老虎，难道不比同时对付两只健壮的老虎容易得多吗？」

卞庄子认为他说得有理，两人就在树丛里隐蔽了起来。过了一会儿，两只老虎果然争斗起来，打得石头乱滚，尘土飞扬。

渐渐地，小老虎支持不住了，咽喉处被大老虎咬破，便死去了。大老虎也遍体鳞伤，倒在地上动弹不得。这时候，卞庄子猛扑过去，一剑刺中老虎的要害部位。老虎长啸一声，连反抗都没来得及就断气了。

陈轸讲完故事后，对秦王说：「如今，韩国和魏国打作一团，已经一年了还没有停止。如果他们继续打下去，损伤必定都会很大。您如果想完成统一天下的大业，就让他们继续打下去，到他们元气大伤的时候，再派兵去征讨他们。这样就能像卞庄子刺虎那样，一举两得。」

秦惠王于是放弃了劝和的打算。最后，魏国和韩国都损失惨重的时候，秦国的军队像潮水般地涌去，一下子就夺了两国的好几个城池。

故兵闻拙速，未睹巧之久也。夫兵久而国利者，未之有也。故不尽知用兵之害者，则不能尽知用兵之利也。

注释 「故兵闻拙速，未睹巧之久也」一句，「兵闻」：黄本《集注》、《握纬机》作「闻兵」；「睹」：《御览》卷二九三作「闻」；「巧之久」：《文选·张景阳杂诗》、注《任彦升奉答勑示七夕诗启》作「工久」，《三国志·魏书·王基传》作「工迟之久」，梅尧臣注有「工而久」之语，《玉堂书钞》作「巧久」；也：《通典》卷一四八作「者也」。《玉堂书钞》则无此「也」字。关于「拙速」之意，杨炳安认为：「此句各家皆直接之，故多不通。曹、李、孟注：「虽拙有以速胜」。然既「拙」，则何以「速胜」？杜注：「虽拙于机智，然以神速为上」。然既言「拙于机智」，又求其「神速」，岂可得耶？李贽《参同》：「宁速毋久，宁拙毋巧，但能速胜，虽拙可也」，亦未道其真谛。于鬯云：「盖久必拙，速必巧……岂有贵拙之意乎」？则为得之。然其以「因过速而取败」释「拙速」，也非孙子本义。此句明言「兵闻拙速」，抑孙子贵「过速而取败」耶？故孙子此意盖为：「拙」固无可贵，然若能使速决，吾宁取之；「巧」固可贵，然若使战争旷日持久，则吾宁舍之，并非实谓「拙」可贵，而「巧」可舍也。黄巩《集注》云：「速或有见拙之处，……久则断无见巧之理」，亦不为无见。欲使战事速决，必须巧于用兵，否则，拙于智计，则必使战事旷日持久，而此于国不利，故接以下文。」

「夫兵久而国利者，未之有也」一句，「兵久」：《御览》卷二九三作「久兵」，易培基《读孙子杂记》认为「兵」上应有「用」字；「未之有」：汉简本作「未有」。《通典》一四八此句在下文「军食可足」之后。

「故不尽知用兵之害者，则不能尽知用兵之利也」一句，「不尽知」：汉简本作「不尽于知」；「不能尽知」：《通典》卷一四八作「不能得」，《御览》卷三三二作「不得尽知」。杨炳安认为，这两种说法都不可取，「用兵之害，上已反复言之，此言用兵之利。「利」者何？盖即杜注「吞敌拓境」与张注「擒敌制胜」之类。此句重在「害」字，言于「吞敌拓境」之时，需「杂于害」而虑之，如此方能万全。故下文有云：「智者之虑，必杂于利害。」」不尽知：不能完全了解。害：坏处，短处。利：好处，长处。

译文 所以，在军事斗争中，如果能够速胜，即使拙于智计，在指挥中也是可取的；但为了单纯追求巧胜而使战争旷日持久的，还从来没有见过。战争久拖不决而有利于国家的情况，是从来不曾有过的。所以，不完全了解用兵之害的人，也就不能完全了解用兵之利。

评点 速决战是孙子比较欣赏的一种战术，在《孙子兵法》中，他多次对此进行了论述和强调。在历代兵家中，速决战也是比较常用的一种战术。东汉末年，曹操征乌桓的战例就说明了这一点，并留下了「兵贵神速」的成语。

官渡之战中，据有冀、青、幽、并四州的袁绍被曹操打败，逃回邺城，积郁成疾，于建安七年（202年）病卒。其子袁谭、袁尚争权，曹操同年九月攻占黎阳。九年又占领了邺城，并杀了袁绍长子袁谭。袁尚逃到幽州投奔次兄袁熙，后来兄弟二人又逃奔到辽河流域的乌桓。乌桓是北方少数民族，东汉末年逐渐强大，拥有辽东、辽西、右北平三郡。袁绍在建安元年（196年）与公孙瓒作战时曾利用乌桓力量，事后矫旨封其首领蹋顿为单于，所以袁熙、袁尚此次想借乌桓的力量与曹操抗衡。乌桓首领蹋顿单于打着给袁家报仇的幌子，乘机不断地骚扰汉朝北部边境，破坏边境地区人民的正常生产和生活。曹操打算要去征讨袁尚及蹋顿，一举平定北方，但有些官员担心远征之后，荆州的刘表会乘机袭击自己的后方。曹操在北上彻底消灭袁氏兄弟并收服乌桓和南下征讨刘表两种方案中犹豫不决。曹操手下大部分人都认为：『袁氏兄弟，只不过是亡命之人，根本不足为虑。夷狄贪而无亲，乌桓又岂能为袁尚所用？』而如果大军远征，深入乌桓，荆州的刘表必然趁机袭击许都。一旦发生这种情况，结果就很难收拾了。而曹操最得意的谋事之一郭嘉这时却力排众议，劝说曹操一举消灭袁氏残余势力和乌桓，他说：『乌桓依仗地处僻远，必然不作防备。乘他没有防备的时候，我们突然出兵袭击，一定可以成功。况且袁绍生前有恩于河北官民和乌桓，现在袁尚、袁熙兄弟还在，他们的影响力不可小看。如今青、冀、幽、并四州的老百姓虽然已经归附了我们，可那只是迫于威力，我们并没有给他们什么恩惠。如果我们放弃北伐而南征，袁尚就会依靠乌桓的支持和帮助，召集袁氏的残余势力，伺机反攻。乌桓一动，河北的汉人继之而起，就会使蹋顿产生入侵的野心。到那时，恐怕青州、冀州就不再是我们的了。而荆州的刘表只是一个坐而论道的空谈家，他自知自己的才能不如刘备，也难以控御住刘备。如果重用刘备，他担心控制不住；如果不重用刘备，刘备又绝对不肯真心实意为他出力。他们之间这种复杂而微妙的关系，决定了不会有什么大的作为。因此，即使我们虚国远征，刘表也不会有什么大的举动，您对此大可不必担忧！』

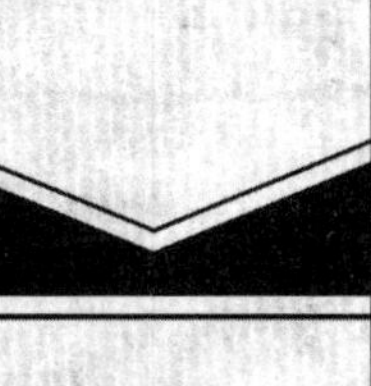

曹操听从了郭嘉的分析，建安十二年五月，曹操亲率大军北伐，到达易县（今河北雄县西北），郭嘉看到军队辎重太多行动缓慢，又对曹操说：『兵贵神速。今千里袭人，辎重多，难以取利，且彼闻之，必为备。不如留辎重，轻兵兼道以出，掩其不意。』（《三国志·魏书·郭嘉传》）意思是说，用兵贵在神速。现在到千里之外的地方作战，军用物资多，行军速度就慢，如果乌桓人知道我军的情况，就会有所准备。不如留下笨重的军械物资，部队轻装，以加倍的速度前进，乘敌人没有防备发起进攻，那就能大获全胜。曹操依郭嘉的计策，轻装兼程来到无终（今天津市蓟县）。此时他得到当地人田畴的指点和帮助，从已断绝近二百年的卢龙塞越险经过白檀（今河北宽城），迅速到达柳城，蹋顿单于得知曹军到来的消息，仓促迎战，一败涂地，兵败被杀。曹操收降二十余万人，并将为乌桓掳掠去的十余万汉人送回内地。袁熙、袁尚兄弟不得不率少数士卒前去投奔辽东太守公孙康，公孙康慑于曹操的威势，将他们杀死，自己也归附了曹操。至此，曹操终于完成了统一北方的大业。

善用兵者，役不再籍，粮不三载，取用于国，因粮于敌，故军食可足也。

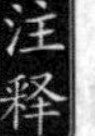

注释

善用兵者：《通典》卷一四八、《御览》卷三三二均作『故善用兵者』。善：善于，擅长。

役：服兵役，亦可代指服兵役的人，士兵。《国语·晋语一》：『士蔿以告，公说，乃伐翟柤。郤叔虎将乘城，其徒曰：「弃政从役，非其任也。」』韦昭注：『役，服戎役也。』南朝宋傅亮《为宋公求加赠刘前军表》：『顷戎车远役，居中作捍。』宋岳珂《桯史·黠鬼酝梦》：『二千里远役，今复已矣。』《国语·吴语》：『寡人帅不腆吴国之役，遵汶之上，不敢左右，唯好之故。』韦昭注：『役，兵也。』《诗·小雅·渐渐之石序》：『戎狄叛之，荆舒不至，乃命将率东征，役久病在外，故作是诗也。』毛传：『役谓士卒也。』《资治通鉴·汉元帝永光元年》：『羌人乘利，诸种并和，相扇而起，臣恐中国之

役不得止于四万。」

籍：名册，这里指征发，征集。《通典》卷一四八作「藉」，二字古时通用。曹操注曰：「籍，犹赋也。言初赋民，便取胜，不复归国发兵也。」李筌注曰：「籍，书也，不再籍书，恐人劳怨生也。秦发关中之卒，是以有陈、吴之难也。军出，度远近馈之，军入（人）载粮迎之，谓之三载。越境则馆谷于敌，无三载之义也。」

三载：《御览》卷三三二作「再载」，《孙子校释》认为「作「三载」不误」。「各家皆以「三载」指「往则随，缺则继，归则迎」。而曹注曰：「还兵入国，不复以粮迎之」，出兵之后，粮草缺乏，则又可因粮于敌，而无形载粮以继，故只以出征时载粮随之。刘寅《武经七书直解·孙子》（以下简称《直解》）云：「一馈粮而即止」，实不二载，胡云乎「三」邪？汪中《述学》有云：「古人措辞，凡一、二所不能尽者，则约之以三，以见其多，……此言语之虚数也。实数可指也，虚数不可执也。」故此「三」字当即《论语》所谓「三思」、「三复」之「三」，非实言载粮三次也。二者异文同义，皆言一次而足，不可再也。故仍依各本作「三」，而不改动原文，唯不可以「三」为实指三之数耳。」

取用于国，因粮于敌：曹操注曰：「兵甲战具，取用于国中，粮食则因敌也。」李筌曰：「具我戎器，因敌之食，虽出师千里，无匮乏也。」杨炳安《〈孙子〉会笺》认为：「「取用」与「因粮」皆指军粮，「取用」指取自国内之军粮，「因粮」乃得自敌方之军粮，故下句总之曰「故军食可足也」，「用」与「粮」乃变换其词以成其义，非所指有异。旧注多谓「用」指兵甲器械，然如此则与「军食」无涉，有失「军食」为总结上述二句之义矣。」《孙子全译》则认为，曹操的注解注与杨炳安的解释「皆未妥」。他说：「「取用」之「用」当同《计篇》「主用」之「用」，统言军需物资，包括兵甲器具与粮草，「取用」之实际亦如此，然「因」于敌者亦不限「粮」，何以只言「因粮于敌」，下文又说：「故军食可足」？盖孙武乃举

其要而言。因大军出境，耗费最大、天天需要、不可或缺的是粮草，武器装备一次备够则使用较久，可以修缮，无奈粮草不然，而军无粮则亡，故特以「粮」言之。后句「故军食可足也」是说明「因粮于敌」之举的巨大意义，解除人们对燃眉之急所持之忧，同时证明「善用兵者」「粮不三载」的正确。」以上两说虽各有见地，但较之各种理解，仍依古注更可确信。因：就，依托，利用。

译文 善于用兵打仗的人，兵员不再次从国内征集，粮草也不多次从国内输送，武器装备一次性从国内取得，而粮草就要从敌人那里求得补给。这样做，军队的粮草供应就可以源源不断了。

评点 古今中外，将帅们无不把后勤补给作为生命之源、胜利之本。拿破仑在欧洲曾经纵横驰骋，但远征莫斯科时，俄国人坚壁清野，拿破仑在粮草不继、御寒无衣的情况下，只能惨败而归。孙子为解决后方补给和战场需要的矛盾，提出了「因粮于敌」的措施，就极大地减轻了本国的财政开支和人民负担，增加了取胜的把握。这一作战原则后来被许多军事家所采用。

公元231年2月，诸葛亮为了完成恢复汉室的宏愿，率10万大军四出祁山，攻伐曹魏。魏军都督司马懿率张合、费曜等大将迎战蜀军。诸葛亮兵至祁山，见魏军早有防备，知道一时难以攻下，只好作长久的打算。他对众将说：「孙子曰：「重地则掠」。深入敌人腹地，就要掠取敌人的粮草来补充自己的消耗。」如今，我们劳师远征，粮草供应不继，现在陇上的麦子已经成熟，我们应该秘密去抢割陇上的麦子作为我们的补充。」于是，诸葛亮留下王平、张嶷等人守卫祁山大营，自己则率领姜维、魏延等将领直奔上邽。司马懿在祁山见蜀军并不出战，心中疑惑，听说有一支蜀军径往上邽而去，不由恍然大悟，明白了诸葛亮的意图，急忙引军去救。诸葛亮赶到上邽，上邽守将费曜出兵迎战，被姜维、魏延打得大败而逃。诸葛亮乘机命令三万精兵，手执镰刀，把陇上的新麦一割而光，运到卤城打晒去了。司马懿失去了陇上的新麦，心中不甘，便与副都督

命令已下达来。于是就撤兵，把陇上的麦子一割而光，这时司马懿打听到了。司马懿失去了陇上的麦子，心中不甘，便已明
白了诸葛亮的意图，急忙派军去救。诸葛亮抢先到陇上，让士兵割麦，派出兵迎战，被姜维、魏延打得大败而逃。诸葛亮乘势
领姜维、魏延等将领直奔陇上。司马懿闻讯后即率军赶来出战，心中暗想：派遣一支骑军直奔陇上而去，不由得大喜。

部队出发」。敌人缴入陇西，将来粮草来源于自己的后方。如今，我们兵临前线，粮草供应不济。陇西陇上的麦子
大部分已经成熟。诸葛亮来到祁山，见魏军早有防备，故意一时难以攻下，只好作持久的打算。他对众将说：「孙子曰：「重

德国人华伦斯坦，在粮草不继、情况危急的情况下，只能就地取给。孙子也阐述了战时粮草供给的重要性，提出了「因

评点 古今中外，作战时粮草补给都被视为生命之源、胜利之本。在粮草无法及时补给的战场，可以采取这种办法，

从敌方取用。

之说，同时适用「善用兵者」「粮不三载」的主语。」以上两说虽各有其理，但孙子之本意却难以断定。因：就，
而军无粮则亡。故特以「粮」言之。后句「故军食可足也」是说明「因粮于敌」之举的巨大意义。曹操等人所谓辎重之意，并
非要而言。因大军出征，耗费巨大，天天需要，不可缺少的是粮草。武器装备一次备齐则可使用较久，可以补充；而粮草不然，

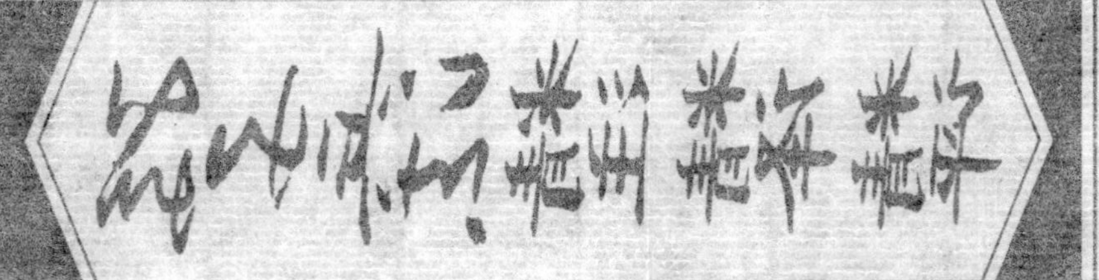

「取用」之解释亦可通。然「因」于敌者亦不限「粮」，而只言「因粮于敌」，下文又说：「故军食可足」，盖亦此意。
较妥的解释「尚未定」。刘寅：「「取用」之「用」当同《计篇》「主用」之「用」，系言军需物资，包括兵甲器具与粮草，
指兵甲器械。然此处只说「军食」者，盖因「军食」为总括上述三者之义矣。」《孙子全译》则认为：曹操的注释与本书
粮」分别指自我方之军粮，其下句总之曰「故军食可足也」。「用」与「粮」分变其词以避其义，非指言异。则当参解「用」

而兵不可再也。故孙子称「不三」，而不说「再」，盖不可以「三」代表泛指三次以上。」

以出之即或谓之。刘寅《武经七书直解·孙子》（以下简称《直解》）云：「一载而即足」，粮不三载，即言不「三」载，
载，由国内运」。而曹注曰：「始载粮，不复以粮迎之」：出兵之后，粮草便尽，则又可因粮于敌，而无须再载以粮。故只

三载：《通典》卷一五六作「再载」。《孙子校释》认为「作「三载」为是」：「各家皆以「三载」指「往返国，粮则
取敌出载之，军人（入）境载粮送之，谓之三载。故粮即取于敌，无三载之义也。」

取胜，不复归国发兵也。」

郭淮引兵前往卤城企图夺回新麦。不料，诸葛亮早有防备，他让姜维、魏延、马忠、马岱四将各带2000人马埋伏在卤城东西的麦田之内，等魏兵抵达城下时，伏兵四起，诸葛亮又大开城门，从城内杀出，司马懿拼力死战，才得以突出重围。诸葛亮四出祁山伐魏虽然没有实现预定目标，但因采用了『因粮于敌』的策略，避免了断粮的危险，平安地退回到了蜀国。

与诸葛亮陇上割麦相比，战国时期李牧和唐代李光弼夺取敌人战马则更富有戏剧性。战国时期，赵国地近匈奴，匈奴人经常骚扰赵国的边疆，掠夺百姓的财物、牲畜。将军李牧奉命驻守雁门关，抵御匈奴。匈奴人则依仗强大的骑兵，纵横奔驰，李牧为此而苦恼。一天，匈奴人把数百匹好马赶到河对岸洗浴。李牧在雁门关上远远望见，心想：『如果能把这些好马夺到手，就既能壮大自己的实力，又大杀了匈奴人的威风。』但是，李牧也深知，只要他打开雁门关的城门，匈奴人就会把马群赶回军营，根本不能抢到马。突然，李牧想出一条妙计来：『匈奴人的骏马都是雄性，如果用几百匹母马来引诱它们过河，再把它们赶入关上来，就会易如反掌了。』于是，李牧下令挑选了几百匹母马，让士兵们把母马牵出城，系在隔河的树荫下。匹匹母马仰头向着河对岸嘶叫起来，匈奴人的数百匹公马听到叫声，一个个抬起头来向河这边的母马张望。接着，几匹公马率先游过河，向树荫下的母马奔去。马群中的其它马匹也一阵狂嘶，纷纷渡河狂奔而去，看马的匈奴人想拦也拦不住。河岸旁的赵军将士乘机一涌而出，将数百匹好马赶入雁门关中。到了唐朝，李光弼在『安史之乱』中故伎重演，也都得到了叛将史思明的几百匹好马。

刘裕灭亡南燕之战，则是通过『因粮于敌』赢得战争最后胜利的例子。东晋后期，刘裕北伐，进攻南燕。南燕君主慕容超与群臣商议对策，侍中公孙五楼提出断绝晋军粮道，并且使之无从侵掠的建议，说：『晋兵轻锐，利在速战，不宜急与争锋。今宜据住大岘山，使不得入，旷日延时，挫他锐气，然后徐简精骑二千，循海南行，截彼粮道，别敕段晖发兖州兵士，沿山东下，

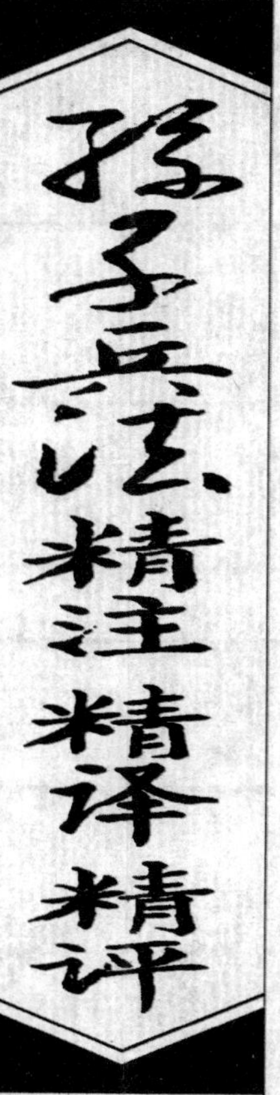

腹背夹攻，这乃是今日的上计。若依险分戍，筹足军粮，芟刈禾苗，焚荡田野，使彼无从侵掠，彼求战不得，求食无着，不出旬月，自然坐困，这也不失为中策。二策不行，但纵敌入岘，出城逆战，便成为下策了。』但是，慕容超不但没有听从他的建议，反而作色道：『今岁星在齐，天道可知，不战自克。就是证诸人事，彼远来疲乏，必不能久，我据有五州，拥民万亿，铁骑成群，麦禾布野，奈何芟苗徙民，先自羸弱哩？不若纵使入岘，奋骑逆击，以逸待劳，何忧不胜？』辅国将军贺赖卢也道：『大岘为我国要塞，天限南北，万不可弃，一失此界，国且难保了。』超摇首不答。太尉桂林王慕容镇又谏道：『陛下既欲主战，何不出岘逆击？就使不胜，尚可退守，不宜纵敌入岘，自弃岩疆。』慕容超终于没有听从，拂袖而去。

刘裕没有想到慕容超会轻易地让自己平安越过大岘山，进入南燕境内，惊喜万分。他看到眼前广阔的田野和一片片成熟的庄稼，兴奋地对将士们说：『兵已过险，因粮灭虏，就在此举了。』有这么多的粮食长在田地里，我们没有后顾之优了，何愁不灭南燕呢？东晋将士都大受鼓舞。慕容超命公孙五楼、贺赖卢、段晖等人，率步骑五万人，出屯临朐（今山东临朐）。自督步骑四万，作为后应。刘裕的十万大军进抵临朐与南燕军队展开决战。南燕军战败，慕容超仓皇地从临朐城逃到广固城。刘裕大军包围了广固城，由于能就地取粮，无后顾之忧，大胆采用围而不攻的消耗策略，将广固城围困达8个月之久。晋军由于粮草辎重充足，军心稳固，士气旺盛，而慕容超因为长时间被围困而士气衰落，民心思变，终于城破被杀。

国之贫于师者远输，远输则百姓贫；近于师者贵卖，贵卖则百姓财竭，财竭则急于丘役。力屈财殚，中原内虚于家，百姓之费，十去其七；公家之费，破车罢马，甲胄矢弩，戟楯矛橹，丘牛大车，十去其六。

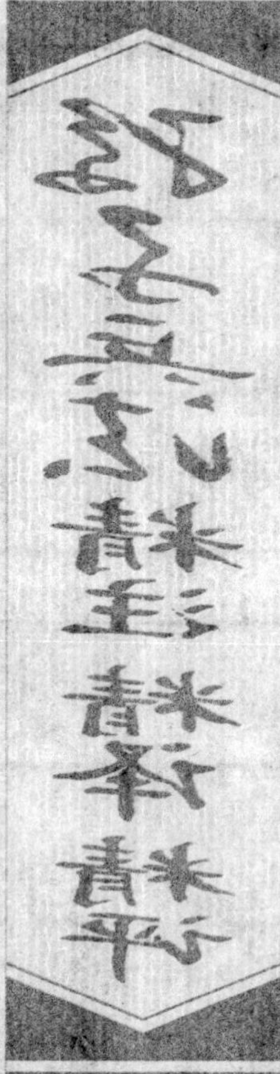

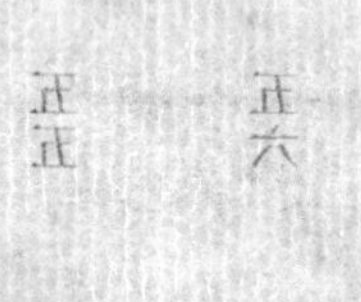

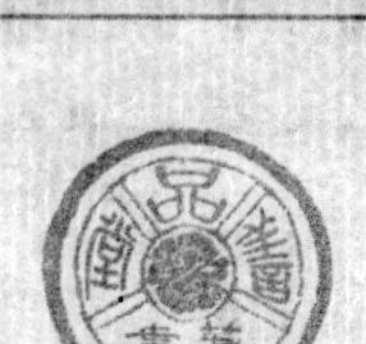

注释

国之贫于师者远输，远输则百姓贫：《孙子校释》认为此句应为『国之贫于师者：远师者远输，远输则百姓贫』。理由如下：『此句与下句「近于师……急于丘役」乃一整句，故此乃其分句之一。如依传本，则此句问题有二：（一）此言「贫于师」，而下言「近于师」，「贫」与「近」非对文；（二）既言国之贫于师在于远输，而远输必由于远师，但远师之意却不见于原文。故原文有疑。《菁华录》（即《诸子菁华录·孙子》——引者注）改「百姓」为「国」，非唯使文意出现反复，且亦未使上下文字失对问题获得解决，同时又失百姓因远输而致贫困之义，固未可据。俞樾《平议》改「国之贫于师」为「国之远于师」，虽不为无见，然国贫之义却为之淹没，且各本均作「贫」，《通典》与汉简本亦皆如此，岂可贸然首肯。查该句《通典》卷一五六引作「国之贫于师者，远师远输，远师远输则百姓贫」，汉简本作「国之贫于师者，远者远输则百姓贫」。简身右侧残缺，不知有否重文号；如有，则其文全同《通典》。唯「远师」作「远者」，此「远者」亦当为远于师者之义，故与「远师」之义无不同。而此义则正为传本所无。详审文意，当以据补「远师」之义为善，并作「远师者远输」，以与下句「近师者贵卖」对文。《通典》与汉简本虽稍复赘，然语次分明，亦善，故并存之。』此说虽不无见地，但以『「贫」与「近」非对文』和『远师之意却不见于原文』为据而否定传本的真实性，亦不可贸然首肯，但此句本来各本分歧之处颇多，故录本说于此，可以为准确理解孙子的原意提供更多的启发。

近于师者贵卖：武经本、汉简本。《通典》卷一五六、《御览》卷三三二皆无「于」字；汉简本「师」作「市」。

贵卖则百姓财竭：《通典》与各传本均与此同，但于鬯认为「百姓」二字为衍文，《〈孙子〉会笺》和《孙子校释》也赞同此说。《〈孙子〉会笺》中说：『「贵卖则百姓财竭」，各本皆如此，于鬯则谓「百姓」二字系衍文，且云：「贵卖则财竭者，谓军中财竭，非谓百姓财竭也，故下文云：财竭则急于丘役。盖军中财竭，始必急征百姓之财矣。」又云：「曹解云军行已出界，王皙谓将出界。曹意若未出界而贵卖，正百姓之利，何云财竭？王意若已出界，则可因粮于敌，何事买贵？此并不知百姓二字之衍，拘泥之说也。」详审各家注意，谓「百姓财竭」者，乃如俞樾所说，因「民贫于贵卖而空其积蓄」也。然百姓既贪利贵卖，则必因此而增加财富；既增加财富，何「财竭」之有？再，下文有「百姓之费，十去其七」，「公家之费，十去其六」，而此则止言百姓「贫」，且复言「竭」，何谆谆若是而独不及「公家之费」耶？故宜从于说，去「百姓」二字，并以「财竭」指军中，而非百姓。又，此句连接上下文，汉简作「近市者贵□□□□则……」。因简文残缺，故未可贸然断定所空四字究竟为何。然就所空四字观之，当必无「百姓」二字，而可能是「卖」、「则」、「财」、「竭」，并于「卖」、「竭」二字之右下方有重文号「::」，唯漶漫不可察见耳。果真如此，则原文当为「近市者贵卖，贵卖则财竭，财竭则……」。总之，此句当无「百姓」二字。』《孙子校释》中的理由大致与此相同。

急：急迫。丘役：丘，古代区划田地、政区的单位名。《周礼·地官·小司徒》：「九夫为井，四井为邑，四邑为丘。」郑玄注：「四井为邑，方二里；四邑为丘，方四里。」《汉书·刑法志》：「因井田而制军赋。地方一里为井，有税有赋。税以足食，赋以足兵。故四井为邑，四邑为丘。丘，十六井也。有戎马一匹，牛三头。」丘役：指赋税，赋役。力屈财殚：武经本与《御览》卷三三二无「财殚」二字，汉简本亦无，且「力屈」作「屈力」。中原：指国内。虚：空虚，匮乏。十去其七：汉简本作「十去其六」，无论「六」还是「七」都是虚指，指去其大半，而并非确切的六成或七成。公家之费：公家指「国家」，相对于上文「百姓」而言。费：花费，耗费。《御览》卷三三二「费」作「用」。

罢：读为pí，同「疲」，疲劳，衰弱，惫乏。《左传·昭公十九年》：「今宫室无量，民人日骇，劳罢死转，忘寝与食，非抚之也。」杜预注：「罢，音皮，本或作疲。」《逸周书·命训》：「极祸则民鬼，民鬼则淫祭，淫祭则罢家。」孔晁注：

「罢弊其财，粪无祸也。」《晏子春秋·问上二》：「用兵无休，国罢民害。」张纯一校注：「言国力惫乏，民命残伤。」《史记·孙子吴起列传》：「今梁赵相攻，轻兵锐卒必竭于外，老弱罢于内。」《御览》卷三三二作「疲」。

甲胄矢弩，戟楯矛橹：「矢弩」，武经本和《御览》卷三三二所引均作「弓矢」；「矛橹」，《十一家注》本作「蔽橹」，武经本作「矛橹」，《御览》卷三三二所引作「干橹」。相较之下，还是「矛橹」最为恰当。作「蔽橹」或「干橹」虽可通，然似不如作「矛橹」为善。「戟」与「楯」、「矛」与「橹」皆以攻防器械相对成文，而于其中横插一「蔽」字，殊觉不类。或本作「矛」，因形近而误为「干」，又因义同而误作「蔽」耳。甲：护身铠甲，用皮革、金属等制成的护身服。《周礼·考工记·函人》：「函人为甲，犀甲七属，兕甲六属，合甲五属。」《史记·仲尼弟子列传》：「甲坚以新，士选以饱。」唐韩愈《与凤翔邢尚书书》：「今合下为王爪牙，为国藩垣，威行如秋，仁行如春，戎狄弃甲而远遁。」金董解元《西厢记诸宫调》卷二：「裹一顶红巾，珍珠如糁饭，甲挂唐夷两副，靴穿抹绿。」胄：古代作战时战士所戴的头盔。《书·费誓》：「善敹，乃甲胄。」孔颖达疏引《说文》：「胄，兜鍪也。」《诗·鲁颂·閟宫》：「公徒三万，贝胄朱綅，烝徒增增。」《后汉书·桓谭传》：「安平则尊道术之士，有难则贵介胄之臣。」晋左思《吴都赋》：「贝胄象弭，织文鸟章。」《宋史·赵赞传》：「矢集于胄。」矢：即箭，以木或竹制成的一种进攻武器。《易·系辞下》：「弦木为弧，剡木为矢。」《史记·鲁仲连邹阳列传》：「鲁连乃为书，约之矢，以射城中，遗燕将。」韩愈《〈张中丞传〉后序》：「（南霁云）将出城，抽矢射佛寺浮图，矢着其上砖半箭。」弩：用机械发箭的弓。《周礼·夏官·司弓矢》：「司弓矢掌六弓四弩八矢之灋，辨其名物，而掌其守藏，与其出入。」汉陈琳《为袁绍檄豫州》：「幕府奉汉威灵，折冲宇宙，长戟百万，胡骑千群，奋中黄、育、获之士，骋良弓劲弩之势。」明宋应星《天工开物·弩》：「凡弩为守营兵器，不利行阵。」戟：古代兵器名。合戈、矛为

一体，略似戈，兼有戈之横击、矛之直刺两种作用，杀伤力比戈、矛为强。《诗·秦风·无衣》：「王于兴师，修我矛戟。」《三国志·魏志·典韦传》：「帐下壮士有典君，提一双戟八十斤。」宋高承《事物纪原·戎容兵械·戟》：「《管子》：「黄帝问于伯高，伯高曰：雍狐之山，发水出金，蚩尤受而制之，以为雍狐之戟。」此戟之始也。」楯：盾牌。《左传·定公六年》：「（乐祁）献杨楯六十于简子。」《南齐书·焦度传》：「度亲力战，攸之众蒙楯将登，度令投以秽器，贼众不能冒。」《新唐书·文艺传下·吴武陵》：「武陵自硖石望东南，气如旗鼓矛楯，皆颠倒横斜。」清周亮工《解严后病卧敢园》诗：「楯上休矜曾草檄，羁臣但合老松筠。」矛：我国古代的主要兵器，在长柄上装以矛头，用于刺杀。《书·牧誓》：「称尔戈，比尔干，立尔矛。」《史记·仲尼弟子列传》：「（越王）送子贡金百镒，剑一，良矛二。」橹：古代兵器，一种用于攻城的大盾。《左传·襄公十年》：「狄虒弥建大车之轮而蒙之以甲，以为橹，左执之，右拔戟，以成一队。」杜预注：「橹，大楯。」贾谊《过秦论》：「秦有余力而制其弊，追亡逐北，伏尸百万，流血漂橹。」章炳麟《论承用「维新」二字之荒谬》：「特以神武不杀，哀者能胜，故无取乎漂橹成渠耳。」

丘牛：曹操曰：「丘牛，谓丘邑之牛」，即从丘邑中征集来的牛。大车：曹操曰：「大车，乃长毂车也。」一种牛拉的辎重大车。十去其六：有的传本作「十去其七」，虚指。

译文 国家之所以由于用兵而导致贫困，就在于军队去国远征，去国远征就需要远道运输，而远道运输就会使百姓弊于道路而日益贫困；还在于靠近驻军的地方就会使物价飞涨，物价飞涨就会使国家财力枯竭。国家财力枯竭，就会急于加重赋役征发。兵力损耗于外，家庭空虚于内，百姓的财富损耗过半；公家的财费也会因车辆损坏、战马疲弊，甲胄矢弩与戟盾矛橹等武器装备的消耗和补充，以及丘牛大车的征用，也会损耗过半。

[illegible]

丘牛：曹操曰：『丘牛，谓丘邑之牛』，即从丘邑中征集来的牛。大车：曹操曰：『大车，长毂车也。』一种牛拉的辎重大车。十去其六：有的版本作『十去其七』，错误。

译文 国家之所以由于用兵而导致贫困，就在于军队长途远征，长途远征将需要远道运输，而远道运输将会使百姓[illegible]而日益贫困；还由于靠近驻军的地方将会出现物价上涨，物价上涨将会使国家财力枯竭。国家财力枯竭，将会急于加重赋役征收。民力就耗尽于外，家家空虚于内，百姓的财富耗损过半；公家的财费也会因车辆损坏、战马疲惫、甲胄矢弩已被损坏而需补充军器装备[illegible]，以及由于大军的征用，也会耗损过半。

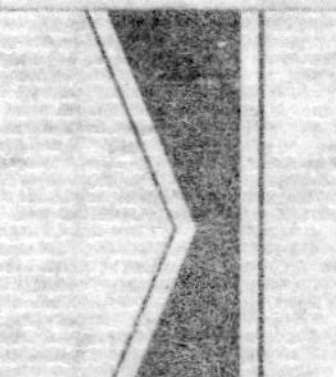

评点　军队行动，必然要消耗大批的粮食，粮食的运输问题，历来都是军事家所颇费心机的一个重要问题。关于军队行动时粮草的运输和挟带问题，《梦溪笔谈》卷十一曾做过计算：『余尝计之，人负米六斗，卒自携五日干粮，人饷一卒，一去可十八日；米六斗，人食日二升。二人食之，十八日尽。若计复回，只可进九日。二人饷一卒，一去可二十六日；米一石二斗，三人食，日六升，八日，则一夫所负已尽，给六日粮遣回。后十八日，二人食，日四升并粮。若计复回，止可进十三日。前八日，日食六升。后五日并回程，日食四升并粮。三人饷一卒，一去可三十一日；米一石八斗，前六日半，四人食，日八升。减一夫，给四日粮。十七日，三人食，日六升。又减一夫，给九日粮。后十八日，二人食，日四升并粮。计复回，止可进十六日。前六日半，日食八升。中七日，日食六升，后十一日并回程，日食四升并粮。三人饷一卒，极矣，若兴师十万，辎重三之一，止得驻战之卒七万人，已用三十万人运粮，此外难复加矣。放回运人，须有援卒。缘运行死亡疾病，人数稍减，且以所减之食，准援卒所费。运粮之法，人负六斗，此以总数率之也。其间队长不负，樵汲减半，所余皆均在众夫。更有死亡疾病者，所负之米，又以均之。则人所负，常不啻六斗矣。故军中不容冗食，一夫冗食，二三人饷之。尚或不足。若以畜乘运之，则驼负三石，马骡一石五斗，驴一石。比之人运，虽负多而费寡，然刍牧不时，畜多瘦死。一畜死，则并所负弃之。较之人负，利害相半。』所以说，『运粮不但多费，而势难行远。』『凡师行，因粮于敌，最为急务。』

古代运输条件落后，粮食耗损率极高。据史料记载，『秦始皇北击匈奴，又使天下飞刍挽粟，起于黄、腄、琅邪负海之郡，转输北河，率三十钟而致一石。』一钟相当六斛（石）四斗，三十钟等于一百九十二斛，也就是说从今山东将粮食运到河套，有效输送量只有1/192；汉代李广利二伐大宛，步骑六万，后勤为『牛十万，马三万匹，驴、橐驼以万数赍粮』；汉武帝『时又通西南夷道，作者数万人，千里负担馈饷，率十余钟致一石，散币于邛、僰以辑之』，在没有敌人骚扰的情况下

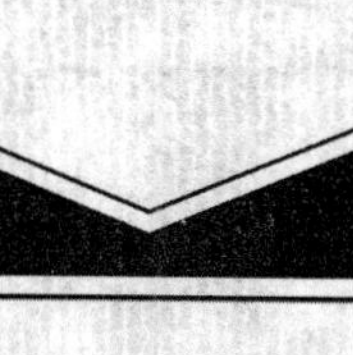

也不到2%，除了沿途损失之外，消耗占去了大部分，原因是人畜本身就在消耗粮食，而且这个消耗应该按照往返计算。按照《武备志》，大体人力车二人最多可运四石，牛车二牛二人最多可运十四石，骡车十骡可最多运三十石。另外，李筌《太白阴经》、《汉书·赵充国传》也有类似记载，而且都列举了马料。即使在交通发达的现代，路途运送的耗费也非常巨大。二战中，1943年的苏德战场上，德国后勤运输量，大致铁路为30%、公路为10%，如果再考虑到大量民夫耽误农时造成的损失，对于国家经济的消耗仍然非常巨大。遇到雨天，初期补给车队在没有公路只有土路的路段上运输车辆只能每天推进五公里，这样的耗费可想而知。

在战争期间，物资腾贵也是一个影响国家经济的重要问题。张文穆《孙子解故》认为，『物资腾贵是久战不决的必然后果』。『古代「近于师者贵卖」的情况虽无史料可查，但这个道理是古今相通的，可以近代战争为例做些分析：上次欧战到了第三年，德国不仅前线上的士兵都要穿纸制的鞋子，而且国内粮食的供应尽管采用了凭票购买的配给制度，也捉襟见肘，陷于供不应求了。结果，德国崩溃。推求德国致败的原因，主要是它发动不义战争，失道寡助。其次是由于战争一起，物资不足，食料缺乏，国内的物价腾贵。因为一切物资，都被战争吸收，或受敌国的经济封锁，通货势必膨胀。』『物资腾贵，食料缺乏，通货膨胀，国民交困，是久战不决的必然后果。』并且举例说，二战中的物价德国较战前上涨十倍，意大利较战前上涨六倍，法国较战前上涨五倍半，英国较战前上涨三倍，日本较战前上涨三倍，美国较战前上涨二倍半。不论战胜还是战败，都引起物价不同程度的上涨。不止近代如此，这也是人类历史所证明了的。

故智将务食于敌，食敌一钟，当吾二十钟；秆一石，当吾二十石。

注释

务：务求，致力。《礼记·射义》：『故事之尽礼乐，而可数为以立德行者，莫若射，故圣王务焉。』《史记·孟子荀卿列传》：『天下方务于合从连衡，以攻伐为贤，而孟轲乃述唐、虞三代之德，是以所如者不合。』唐杜甫《送韦讽上阆州》诗：『庶官务割剥，不暇忧反侧。』

钟：古容量单位。郭化若注曰：『钟，春秋时容量单位。齐国分奴隶主公室的「公量」同新兴地主阶级陈氏的「家量」两种。公量一种为六百四十升，家量一种为一千升。』春秋时齐国公室的公量，合六斛四斗。之后亦有合八斛及十斛之制。《左传·昭公三年》：『齐旧四量：豆、区、釜、钟。四升为豆，各自其四，以登于釜。釜十则钟。』杜预注：『六斛四斗。』《左传·昭公三年》：『陈氏三量，皆登一也，钟乃大也。』杜预注：『登，加也，加一谓加旧量之一也。以五升为豆，五豆为区，五区为釜，则区二斗，釜八斗，钟八斛。』宋范成大《秋日田园杂兴》之九：『不惜两钟输一斛，尚赢糠核饱儿郎。』清孙枝蔚《喜任淑源归自闽中兼送之燕》诗：『文人行万里，孝子粟千钟。』

秆：同『萁』，豆秆。《汉书·杨恽传》：『种一顷豆，落而为萁。』吴恭亨《诸将》诗之四：『其然豆泣相煎急，按剑都忘人在旁。』秆：禾茎，泛指柴草。石：量词，今读dàn，计算容量的单位。十斗为一石。《管子·揆度》：『其人力同而宫室美者，良萌也，力作者也，脯二束，酒一石，以赐之。』《史记·伍子胥列传》：『楚国之法，得伍子胥者赐粟五万石。』韩愈《杂说》之四：『马之千里者，一食或尽粟一石。』清龚炜《巢林笔谈·灾年米价》：『顺治四年丁亥……是岁大饥，米石价四两，八年辛卯，大水，米石价四两二钱。』

译文

所以，明智的将帅都力求在敌人那里解决粮草供应问题。消耗敌人一钟粮食，就相当于从本国运输二十钟；消耗敌人一石草料，就相当于从本国运输二十石。

评点

孙子『因粮于敌』的策略不但被军事家们奉为圭臬，而且在今天已经被推广到经济、政治、外交等诸多领域。

在非军事领域，『因粮于敌』不再被狭义的理解为从敌人那里夺取粮食等战略物资，而是被赋予了更广阔的含义，如在其它地区生产以获取利益、从其他人或地方获取经济上的灵感、在辩论中以子之矛攻子之盾等。

第二次世界大战期间，第二任可口可乐公司董事长伍德鲁夫提出了一个宏伟的目标——要让全世界的人都能喝上可口可乐。首先，伍德鲁夫要让全世界的人都知道。时逢二次大战，美国几乎出兵世界各地，为了达到这一目的，伍德鲁夫让美国士兵带上国产的可口可乐奔赴世界各地。没用多久，全世界就知道了有可口可乐这种饮料。完成了这个计划之后，伍德鲁夫又要开始实施让全世界的人都能喝上可口可乐的计划。但是，美国本国能生产出的可口可乐毕竟有限，即使能生产出来运到世界各地，运费也是惊人的。于是，伍德鲁夫想出了在当地生产当地销售的对策。伍德鲁夫在『当地』设工厂、招募工人，在『当地』筹措资金，除了可口可乐的秘密配方外，所有制造可口可乐的机器、厂房、人员以及销售都由『当地』人来充任，可口可乐总公司只派一名全权代表处理有关工作。通过这个方法，可口可乐打开了全世界的市场。

莱维·斯特芬斯的成功走的是另一条道路，但也可以作为孙子『因粮于敌』思想在商业领域成功的一个典范。莱维·斯特芬斯是一个普普通通的德国人。1850年，他随着美国的淘金潮进入了加利福尼亚。在加利福尼亚，莱维并没有通过淘到黄金而迅速发财，但他发现了所有的淘金者的一个共同点——裤子总是破损不堪。于是，他找到了另一座金矿。莱维买来一批褐色帆布，用它们剪裁缝制出一批坚固耐磨的裤子——世界上最早的一批牛仔裤诞生了。牛仔裤一问世就得到了淘金者的青睐，莱维初尝成功之果，又兴奋又激动，他尝试不停地提高牛仔裤的质量，终于靠制做牛仔裤发了大财。1890年，莱维成立了自己的公司。

『因粮于敌』在政治外交领域内的应用有点类似于『以子之矛，攻子之盾』。1983年，邓小平会见前来中国访问的美国国务卿舒尔茨，双方在谈到湖广铁路债券案时，邓小平指出，所谓湖广铁路债券案纠纷，不过是某些人荷包里装着东西，随时可以拿出来在中美关系上制造麻烦，美国政府应该制止这种行为。舒尔茨辩解说，美国的司法制度是独立的，政府无权过问，起诉的几个美国人无非是索取些赔偿，并非制造事端。邓小平当即驳斥说：如此说来，美国实际上有三个政府——国会、内阁和法院。叫人家究竟同你们哪一个政府打交道才好？如果说美国人有权向我们索取赔偿，那么我们中国人民一百多年来遭受帝国主义的侵略压迫，蒙受了那么大的损失，难道不可以判你们都来赔偿？如果你们一见面就提这问题，还谈得上什么发展关系呢？！从而巧妙而又有力地对美国人的观点进行了反驳。

故杀敌者，怒也；取敌之利者，货也。

注释

敌：汉简本作『适』，『适』同『敌』。怒：指激起士气。曹操曰：『威怒以致敌。』李筌曰：『怒者，军威也。』

取敌之利者，货也：刘寅《直解》本作『取敌之货者，利也』。刘文垕《释证》则认为『之利』二字衍，应作『取敌者，货也』。利：财物；货：这里指物质奖励。曹操曰：『军无财，士不来；军无赏，士不往。』李筌曰：『利者，益军实也。』

译文

要使军队奋勇杀敌，就要激励他们的士气；要使士卒夺取敌人的物质财富，就要用物质奖励来激励他们。

评点

孙子在这里提出了要激励士气，同时也提出了物质刺激对于激励士气的作用。不论在军事斗争中还是在政治领域内，利用物质手段都是使他人与自己同心协力去完成目标的有效方法，这也就是『欲想取之，必先予之』的道理。

在战国七雄中，燕国只能算是一个小国。燕王哙时，因被人所惑，效仿尧舜禅让的故事，把国家让给子之，引起国内大乱。

齐国乘机伐燕，杀死子之和燕王哙，残暴燕民，太子平逃亡到国外。

后来，赵武灵王护送太子平回国，立为燕国国君，是为燕昭王。燕昭王即位后，卑身厚礼广招贤才，虚心求教，以求富国强兵，报仇雪耻。

刚开始的时候，很多人认为燕昭王仅仅是沽名钓誉，并不是真的求贤若渴。燕昭王始终寻觅不到治国安邦的英才，整天闷闷不乐。有人向他出主意，让他去求教于燕国有名的贤人郭隗先生。

于是，燕昭王亲自去拜访郭隗，向他请教怎样才能得到贤才。郭隗说：『成帝业者把贤者当老师，成王业者把贤者当朋友，成霸业者把贤者当臣子，亡国之君把贤者当下人。能够屈身事贤，虚心请教，才能超过自己百倍的人就会来到；能够问学不倦，勤于求教，才能超过自己十倍的人就会来到；别人怎么做他就怎么做，才能跟自己差不多的人就会来到；只会高高在上，指挥别人，供其驱使的差役就会来到；如果态度暴戾，随便辱骂别人，甘当奴才的人就会来到。这是历史事实所证实的求士的基本规律。您如果想广泛选拔贤才，可以先亲自到国内贤者的门下去拜访。只要这个消息传开，天下的贤才一定都会踊跃到燕国来。』

燕昭王问：『那么请问先生，我应该先去拜访谁呢？』

郭隗说：『我给你讲个故事吧。古代有一个国君愿意出千两黄金购买千里马，可是时间过去了三年，始终没有买到。他的一个侍臣说：「请让我去找找看吧。」这位国君便派他去了。过了三个月，派出去买马的人回来了。国君问他：「你见到千里马了吗？」侍臣说：「见到了。」国君又问：「把它买来了吗？」侍臣回答：「买来了。」国君一听，十分高兴，急忙下去观看，可是见到的只有一只马头。国君大怒，说：「我要的是千里马，为什么只给我带来一只死马的马头？！」侍臣说：

「我好不容易发现了一匹千里马，可是当我见到它的时候，马已经死了，我就用五百两黄金买了马头带回来。天下人都知道您在买千里马，如果听到这个消息，一定会想，死马还用五百两黄金买，何况生马呢？天下人知道您这么喜欢千里马，活的千里马很快就会来到！」果然，不到一年，就有人送来了三匹千里马。大王您果真想招纳贤士，就把我郭隗当作那只死千里马的马头，先从我开始吧。天下人得知像我这样的人尚且被您重用，何况比郭隗更贤明的人呢？即使远在千里之外，一定也会前来燕国的。」

燕昭王采纳了郭隗的建议，拜郭隗为师，并为他专门建造了宫殿，责成他动工在易水岸边建造黄金台，重金延揽天下有才能的人。没过多久，乐毅从魏而来，邹衍从齐而来，剧辛从赵而来，天下有才能之士都争先恐后来到燕国，燕国一下子便人才济济了。从此以后，一个本来内乱外祸、满目疮痍的弱国，逐渐成为一个富裕兴旺的强国。

人们常说：「重赏之下必有勇夫。」燕昭王给郭隗以优厚的礼遇，盖漂亮的宫殿，并建黄金台，置千金于上，广招人才，才形成了「士争趋燕」的局面。《管子》中说：「知道给予就是取得，是为政的秘诀。」一个人对他人的给予与获取，是一种对立的矛盾。懂得「取」与「予」的辩证法，才能获得人心而为做大事打下基础。燕昭王正是接受了郭隗的建议，采取了「欲想取之，必先予之」的策略，才招来了乐毅、邹衍等贤才，使燕国得到复兴。

故车战得车十乘已上，赏其先得者，而更其旌旗，车杂而乘之，卒善而养之，是谓胜敌而益强。

注释

故：武经本和樱田本无此「故」字。已：同「以」。《汉书·文帝纪》：「年八十已上赐米人月一石，肉二十斤，酒五斗。」《儒林外史》第五回：「到了中秋已后，医家都不下药了。」武经本和樱田本「已」均作「以」。

赏其先得者：曹操注曰：「以车战能得敌车十乘已上，赏赐之。不言车战得车十乘已上者赏之，而言赏得者何？言欲开示赏其所得车之卒也。陈车之法：五车为队，仆射一人；十车为官，卒长一人；车满十乘，将吏二人。因而用之，故别言赐之，欲使将恩下及也。或曰：言使自有车十乘已上与敌战，但取其有功者赏之，其十乘已下，虽一乘独得，余九乘皆赏之，所以率进励士也。」李筌注曰：「重赏而劝进也。」

更：更换，调换，替代。《左传·昭公三年》：「景公欲更晏子之宅。」《汉书·晁错传》：「然令远方之卒守塞，一岁而更，不知胡人之能，不如选常居者，家室田作，且以备之。」颜师古注：「更谓易代也。」宋程大昌《演繁露·十数改用多画字》：「于是壹、贰、参、肆之类，本皆非数，直是取同声之字藉以为用，贵点画多，不可改换为奸耳。本无义理可以与之相更也。」清沈复《浮生六记·闲情记趣》：「多编数屏，随意遮拦，恍如绿阴满窗，透风蔽日，纡回曲折，随时可更，故曰活花屏。」

旌旗：旗帜的总称。《周礼·春官·司常》：「凡军事，建旌旗。」汉应玚《弈势》：「旌旗既列，权虑蜂。」曹植《怀亲赋》：「步壁垒之常制，识旌旗之所停。」宋刘过《沁园春·御阅还上郭殿帅》词：「旌旗蔽满寒空，鱼阵整，从容虎帐中。」清王士禛《池北偶谈·谈故一·土鲁番表文》：「旌旗闪烁，超越乎墨乌戚尔。」

杂：组合，配合，混杂，参杂。《周礼·考工记·画缋》：「画缋之事，杂五色，东方谓之青，南方谓之赤，西方谓之白，北方谓之黑，天谓之玄，地谓之黄。」孙诒让正义引《说文》：「杂，五采相合也。」《文心雕龙·原道》：「夫玄黄色杂，方圆体分。」詹锳义证：「《易·坤·文言》：「夫玄黄者，天地之杂也，天玄而地黄。」」又《系辞下》：「物相杂，故曰文。」韩康伯注：「刚柔交错，玄黄相杂。」正义：「言万物递相错杂，若玄黄相间，故谓之文也。」」杜甫《韦讽录事宅观曹将

军画马图歌》：『其余七匹亦殊绝，迥若寒空杂霞雪。』明谢肇淛《〈五杂俎〉序》：『五行杂而成时，五色杂而成章，五声杂而成乐，五味杂而成食。』《逸周书·程典》：『士大夫不杂于工商。』南朝梁元帝《采莲赋》：『莲花乱脸色，荷叶杂衣香。』陆游《老学庵笔记》卷六：『有柟木版揭梁间，甚大，书杜诗，笔亦雄劲，体杂颜柳，不知何人书。』清周亮工《书影》卷四：『廋辞隐语，杂以诙谐者，非文也。』

卒：从敌方俘获的俘虏或降卒。善：汉简本作『共』，当读为『供』，有供养、善待之意。

译文 因此在车战中，凡是缴获敌人战车十辆以上的，就要奖赏第一个缴获战车的人，并且把缴获的战车换上我军的旗帜，混合编入我军战车的行列。对于所俘敌方的士卒，要妥善收养和使用他们。这就是所谓战胜了敌人而又增强了自己的力量。

评点 李筌在为《孙子兵法》中的这一段作注解时说：『后汉光武破铜马贼于南阳，虏众数万，各配部曲，然人心未安。光武令各归本营，乃轻行其间以劳之。相谓曰：「萧王推赤心置人腹中，安得不投死乎！」于是汉益振。则其义也。』这里李筌所举的，是东汉光武帝刘秀的故事。

西汉末年，王莽篡政，取代了汉朝皇帝的位置自己当上了皇帝。由于此举本不得人心，再加上天灾人祸引起人民生活困难，从而引起天下大乱，各地农民纷纷起义，群雄讨莽。公元23年初，刘玄被立为天子，刘秀任偏将军。王莽多次派兵攻打刘玄。在这些战斗中，刘秀屡立战功，被刘玄封为『萧王』。公元24年秋，刘秀率兵打败了高湖、重连和铜马三部起义军，虏获了大量的兵马，封降兵渠帅为列侯。但是，这些降者心中仍然不安，对刘秀并不很放心，担心刘秀是否出于真意，随时都有可能发生哗变。刘秀获悉这一情况后，为使他们放心，便采用安抚之计，下令降者各归其本部统领他们原来的兵马，刘秀本人则脱掉盔甲，轻骑巡行各部，巡视各个营寨，无丝毫戒备之意。这样一来，降者都由此知道刘秀信任他们，他们私下经常相互说：『萧王推赤心置人腹中，安得不投死乎！』（《后汉书·光武皇帝本纪》）于是，刘秀把这些降卒加以改编，得到了数十万兵马。这就是成语推心置腹的来历。

在战争中，由于士卒的牺牲和逃亡，军队会越打越少。而一个扩充自己兵力的简单方式是利用降卒，把降卒改编为自己的军队。这样，就可能仗打得越多，伤亡也可能极其惨重，但兵力却反而大增。除了利用降卒之外，利用有才能的降将更是迅速提高自己战斗力的一条有效途径。齐桓公不计前嫌重用管仲，终于完成了自己的霸业。

齐桓公的父亲齐僖公生有三个儿子：长子诸，次子纠，幼子小白。僖公委派管仲、召忽辅佐公子纠，委派鲍叔牙辅佐保护公子小白。僖公死后，因诸最大，继承国君的位置，是为齐襄公。襄公昏庸无道，终于招致内乱。公元前686年公孙无知杀了齐襄公，自立为君。于是鲍叔牙保护公子小白逃奔到莒国避难；管仲、召忽则事奉公子纠逃到鲁国。后来，公孙无知被渠丘大夫所杀。一系列的政变使齐国出现了没有国君的局面。鲁国要立公子纠为君，于是派人护送他回国，并派管仲封锁莒国通向齐国的道路。管仲箭射公子小白，但只射中了带钩。小白装死，幸免于难，并星夜赶回齐国。鲁国以为小白已死，路上磨磨蹭蹭，结果还是公子小白抢先回国，登上君位，是为齐桓公。齐桓公即位后，马上发兵伐鲁，鲁军大败。接着，齐国要挟鲁国，要鲁国把公子纠杀掉，并把管仲和召忽抓起来，送回齐国治罪。鲁国迫于压力，杀了公子纠，召忽自刎而死，殉了公子纠。管仲被押回到齐国。齐桓公攻打鲁国的时候，本意是要把管仲抓回来杀掉。经过功臣鲍叔牙一番苦谏，齐桓公终于接受了鲍叔牙的建议，弃一箭之私仇，任管仲为国相，并尊称之为仲父，从此拉开了称霸诸侯大业的帷幕。

在我国历史上，这类不记前仇的用人佳话还有很多，其中堪与齐桓公任用管仲相媲美的，首推唐太宗李世民用魏征。唐太祖武德末年，钜鹿人魏征在太子李建成的手下，做文书图籍整理的工作。在秦王李世民与太子李建成暗中争夺帝位的时候，

魏征屡次劝李建成先下手为强，除掉李世民。由于李建成优柔寡断，没有接受魏征的劝告，结果在玄武门之变中失败。李世民当上皇帝之后，把魏征召来，厉声问他：「你挑拨离间我们兄弟之间的关系，是何道理？」大家都为魏征捏了一把汗，认为他必死无疑。魏征却毫无惧色，从容答道：「皇太子当初如果听我的话，必定不会有今日之祸！」太宗一听此话，知道他是一个忠直之人，马上转怒为喜，对魏征以礼相待，并任他为谏议大夫，还曾多次邀他入寝宫，向他请教治理国家的事情。

唐太宗的另一位著名的谏臣王珪的经历也与魏征相似。高祖武德年间，王珪在太子李建成手下掌管侍从礼仪等事，很受建成的器重。后来因李建成阴谋作乱受到牵连，被流放到巂州。李建成死后，李世民下令将王珪召回身边，官拜谏议大夫。王珪终生都竭尽忠心，多次进谏，颇有政绩。

故兵贵胜，不贵久。

注释 贵：重，崇尚，重视。《书·旅獒》：「不贵异物贱用物，民乃足。」汉崔瑗《座右铭》：「无使名过实，守愚圣所臧；在涅贵不淄，暧暧内含光。」司马光《辞免馆伴札子》：「伏望圣慈矜察，于两制中别选差才敏之人，馆伴北使，贵无阙误。」明薛瑄《薛文清公从政录》：「法立贵乎必行，立而不行，徒为虚文，适足以启下人之翫而已，故论事者当永终知弊。」胜：指速胜。不贵久：曹操注曰：「久则不利。兵犹火也，不戢将自焚也。」

译文 所以，用兵作战贵在速战速决，而不要旷日持久。

评点 英国哲学家培根说过：「机会先把前额的头发给你捉而你不捉以后，就要把秃头给你捉了；或者至少他先把瓶子的把儿给你拿，如果你不拿，它就要把瓶子滚圆的身子给你，而那是很难捉住的。在开端起始时善于抓住时机，再没有比这种智慧更大的了。」培根的这一比喻，可以说是对孙子「兵贵胜，不贵久」的另一种表述方式。不只在军事斗争中要求速

战速决，机会来了要迅速抓住，在其它领域，这一点对于成功来说也至关重要。

唐高祖李渊有四个儿子，建成、世民、元霸和元吉，其中三子元霸早亡。按照惯例，李渊立长子建成为太子，又封世民为秦王，元吉为齐王。

秦王李世民常年在外带兵打仗，战功卓著，又善于谋略。太子建成担心他威胁自己的皇位，就和齐王元吉一起，千方百计地要削弱和除掉李世民。

建成和元吉一方面在宫中拉拢后妃，让她们在高祖面前为自己说话，并中伤世民，以削弱高祖对世民的信任；一方面又竭力拉拢大臣，以扩大自己的影响，巩固自己的地位。

李世民由于征战有功，又善于待人，也深受一些大臣的拥戴，并在他的周围聚集了一批忠心为他效力的文武干将。由此，围绕着太子建成和秦王李世民之间的权力之争，在唐朝统治阶层内部形成了两大集团。双方明争暗斗，都想削弱和瓦解对方。

在唐朝的统治地位稳固后，太子和秦王的皇位之争就更加明朗化了。一天下午，太子请秦王到东宫赴宴。席间，太子和齐王不断称颂秦王的功绩，频频劝酒。正喝着，秦王忽然觉得头晕目眩，两腿发软，知道中毒了，想要站立起来，却倒在地上。太子忙令人把世民送回秦王府，幸好中毒不深，经过抢救，免于一死。太子一计不成，又生一计。一次，他怂恿李渊到郊外打猎，要世民陪驾前往，暗中让部下给世民备了一匹烈马。途中烈马野性大发，把世民甩下马来，险些摔死。

边境上传来突厥入塞围攻乌城的消息，太子荐齐王元吉代替世民督军北征，并征调李世民的爱将尉迟敬德等同行，又挑选秦王帐下的精锐士卒去充实元吉的军队，并暗中谋划，待太子和秦王在昆明池给齐王饯行之时，派壮士把秦王和尉迟敬德

等人一起杀掉。不料谋划不周，太子东宫的王晊暗中向李世民告了密。

李世民得到密报，紧急召集谋臣长孙无忌等人商量。无忌主张要先发制人，趁早下手把他们二人除掉。李世民说：『我早知我们迟早要翻脸，我是想等他先发难，然后以义去讨伐他。』

李世民接着又把房玄龄等人招来，大家都主张立即采取行动。尉迟敬德说：『等太子动手时，我们就处于被动了，如不立即采取行动，我就去落草为寇，免得被杀头。』

最后，秦王说：『既然如此，就按大家的意志行事吧。』于是他立刻派一千余人于深夜埋伏在玄武门内外。第二天早上，太子和齐王骑着马，带领卫士进入玄武门，一路上还在做着除掉李世民的美梦。在他们到达临湖殿时，发现埋伏着秦王的部队，知道形势不好，连忙返身奔向玄武门，但玄武门已被紧紧关闭。门内伏兵尽起，顷刻间太子和齐王的人头落地。等太子东宫的卫队两千余骑闻讯赶来的时候，已经无济于事了。

数日后，唐高祖李渊立李世民为太子，并宣布：『自今以后，军国大小诸事，都交由太子处理，然后奏给我知道就可以了。』李世民从此掌握了皇帝的一切权力，第二年正式登基，改元贞观。

李世民发动玄武门兵变的时机可以说掌握得恰到好处，如果真像他开始时设想的那样，等到太子先发难之后他再反击，将失去对局势控制的主动权，即使最终可以凭自己的实力获胜，也要付出更大的代价。这样，他将计就计，借太子首先要谋害他的机会，在太子还没有把自己的力量埋伏好之前，抢先一步动手，既掌握了主动权，又博得了舆论的同情。而如果他把这个机会让过去，自己采取退避的措施，那么以后他仍在明处，太子等人仍在暗处，说不定哪天就栽在他们手里。可见，恰到好处地抓住了时机，是李世民顺利登上皇位的一个关键，也是留给后人的一个有益启示。

故知兵之将，民之司命，国家安危之主也。

注释

知：识，明了。《周礼·大司徒》：『知仁圣义忠和。』郑玄注：『知，明于事。』《易·干》：『知进退存亡而不失其正者，其唯圣人乎！』《孟子·梁惠王上》：『王如知此，则无望民之多于邻国也。』柳宗元《封建论》：『天地果无初乎，吾不得而知之也。』将：《御览》卷二七二作『术』。

民之司命：孙校本、武经本、樱田本及《潜夫论·劝将》、《通典》卷一四八、《御览》卷二七二所引此句均作此，十一家注本作『生命之司命』，《通典》、《御览》『民』作『人』，是因为避唐太宗之讳。司：主管，职掌。《书·高宗肜日》：『呜呼！王司敬民，罔非天胤，典祀无丰于昵。』孔传：『王者主民，当敬民事。』韩愈《祭虞部张员外文》：『分司宪台，风纪由振。』陆游《春残》诗：『庸医司性命，俗子议文章。』清沈复《浮生六记·坎坷记愁》：『吾父曰：「媳妇既能笔墨，汝母家信付彼司之。」』司命：原为神名，掌管生命的神。《庄子·至乐》：『吾使司命复生子形，为子骨肉肌肤。』晋葛洪《抱朴子·金丹》：『服之百日，肌骨强坚，千日，司命削去死籍，与天地相毕，日月相望。』引申为关系到生死者或命运掌握者。《管子·国蓄》：『五谷食米，民之司命也。』张预注：『故敌人死生之命，皆主于我也。』唐元稹《李践方大理寺丞制》：『大理寺专狱犴视刑书，我国家生人之司命也。任非其才，为患不细。』元高文秀《襄阳会》第二折：『马乃将之司命，盗了马步骤难熬。』郑观应《盛世危言·商务》：『船主管轮，为一船司命之主，任大而责重。』《孙子·虚实》中也有：『微乎微乎，至于无形，神乎神乎，至于无声，故能为敌之司命。』

国家：《潜夫论·劝将》所引作『而国』。安危：《御览》卷二七二所引作『安民』。主：主宰，掌管。《管子·形势解》：『主者，人之所仰而生也。』《墨子·尚贤中》：『今王公大人之君人民，主社稷，治国家，欲修保而勿失。』《颜氏家训·治家》：

『妇主中馈，惟事酒食衣服之礼耳。』唐李绅《赠韦金吾》诗：『自报金吾主禁兵，腰间宝剑重横行。』明陈继儒《珍珠船》卷一：『齐桓公为三官都禁郎，主生死、简録。』

译文 所以说，熟知用兵之道的将帅，是民众生死的掌握者，国家安危的主宰者。

评点 俗话说，千军易得一将难求。孙子『知兵之将，民之司命，国家安危之主也』的思想虽然有英雄史观的味道，但也反映出接触人才对于国家的重要性。

关于齐桓公为什么能成就霸业，威震诸侯，《管子·小匡》中的两句话可谓一语中的：『桓公假其群臣之谋，以益其智也。』齐桓公借助手下群臣的计谋，来不断增益自己的智慧。

在齐桓公的手下，有五位得力的大臣：宰相管仲，大夫宁戚、隰朋、宾胥无和鲍叔牙。《管子》中说，用这五个人『何功度义，光德继法，昭于天下，以遗后嗣；贻孝昭穆，大霸天下，名声广裕，不可掩也。』

管仲也非常善于借他人的计谋，以益加自己的智慧。他为相三月后，齐桓公让他谈谈对百官的看法。管仲说：『升降揖让符合礼的要求，周旋进退依照礼的规矩，言辞刚柔而有分寸，我不如隰朋，请您封他为主管礼仪的「大行」；开发荒地并将其开辟为城邑，扩大耕地并使粮食产量增加，扩大人口规模，最大限度地利用土地，我不如宁戚，请您封他为「大司田」；在沙场上作战，使战车秩序不乱，战士奋勇向前，听到鼓声而三军视死如归，我不如王子城父，请您封他为「大司马」；断案公平，不滥杀无辜，不妄诬无罪，我不如宾胥无，请您封他为「大司理」；忠心进谏，敢于冒犯君主，不怕死，不贪图富贵，我不如东郭牙，请您立他为「大谏」。这五个人，哪个我也都比不上。但是总揽全局，深谋远虑，却是我的强项。君主想要治国强兵，有这五个人就足够了。而如果想谋取霸业，则非我管仲不可。』由此可见，管仲凭借有识人之长的慧眼和有用其

所长的公心，使齐国上下人当其位，各尽其才，大家共同努力，一起促成了齐桓公的霸业。

楚汉战争后，汉高祖刘邦总结他得天下的原因时说：运筹帷幄之中，决胜千里之外，我不如张良；指挥百万之兵，攻必克，战必胜，我不如韩信；镇国家，抚百姓，给馈饷，不绝粮道，我不如萧何。这三个人都是人中之杰，我能用他们与我一起创业，这就是我之所以得天下的原因。

第三章　谋攻篇

孙子曰：夫用兵之法，全国为上，破国次之；全军为上，破军次之；全旅为上，破旅次之；全卒为上，破卒次之；全伍为上，破伍次之。

注释

全：保全，完整。《史记·伍子胥列传》：「我知往终不能全父命，然恨父召我以求生而不往。」南朝宋鲍照《野鹅赋》：「全殒卵而来凤，放乳麑而感麟。」《续资治通鉴·宋孝宗淳熙三年》：「浩忠愤激烈，言切时弊，以此取忌于众，帝察其衷，始终全之。」《二刻拍案惊奇》卷十五：「其夫半喜半疑，喜的是得银解救，全了三命。」

国：这里指国都，也可泛指城邑。《左传·隐公元年》：「先王之制，大都不过参国之一。」《史记·乐毅列传》：「济上之军受命击齐，大败齐人。轻卒锐兵，长驱至国。齐王遁而走莒，仅以身免。」宋苏舜钦《上执政启》：「近戚当涂，陈宽无路，徊徨去国，举动畏人。」《国语·周语中》：「国有班事，县有序民。」韦昭注：「国，城邑也。」《后汉书·陈龟传》：「举国掩户，尽种灰灭，孤儿寡妇，号哭空城。」

上：上策。曹操注曰：「兴师深入长驱，拒其都邑，绝其内外，敌举国来服，为上。」破：击破，攻破。《史记·孙子吴起列传》：「齐因乘胜尽破其军，虏太子申以归。」北魏郦道元《水经注·渭水三》：「（高鲁）为谢玄破于淮肥，自缢新城浮图中。」韩愈《平淮西碑》：「道古攻其东南，八战，降万三千，再入申，破其外城。」明陈继儒《珍珠船》卷二：「文帝破高丽，获二宝，一紫金带，一红玉支枕。」

军：军队的编制单位。曹操注：「《司马法》曰：「万二千五百人为军。」」《周礼·夏官·序官》：「凡制军，万有

二千五百人为军。」《国语·齐语》：「万人为一军。」韦昭注：「万人为军，齐制也。」《文选·张衡〈西京赋〉》：「五军六师，千列百重。」李善注：「《汉官仪》：「汉有五营。」五军，即五营也。」也可泛指军队。

旅：军队编制单位。曹操注曰：「五百人为旅。」《周礼·地官·小司徒》：「乃会万民之卒伍而用之。五人为伍，五伍为两，四两为卒，五卒为旅。」《国语·齐语》：「以为军令：五家为轨，故五人为伍，轨长帅之；十轨为里，故五十人为小戎，里有司帅之；四里为连，故二百人为卒，连长帅之；十连为乡，故二千人为旅，乡良人帅之。」韩愈《元和圣德诗》：「负鄙为艰，纵则不可，出师征之，其众十旅。」也可泛指军队。《诗·大雅·皇矣》：「王赫斯怒，爰整其旅。」毛传：「旅，师。」《韩非子·存韩》：「进而击赵不能取，退而攻韩弗能拔，则陷锐之卒懃于野战，负任之旅罢于内攻。」梁启雄解：「物茂卿曰：负任之旅，即转饷者。「旅」亦「卒」也。」《隋书·李密传》：「明公以英杰之才而统骁雄之旅，宜当廓清天下，诛剪羣凶。」

卒：春秋时军队的编制，以一百人或二百人为卒。曹操注曰：「自校以上至百人也。」《周礼·地官·小司徒》：「五人为伍，五伍为两，四两为卒。」《左传·昭公三年》：「公乘无人，卒列无长。」杜预注：「百人为卒。」齐国二百人为卒。《国语·齐语》：「四里为连，故二百人为卒，连长帅之。」也可泛指士兵。

伍：古代军队编制单位。士兵五名编为一伍。曹操曰：「百人以下至五人。」《周礼·夏官·诸子》：「合其卒伍，置其有司。」郑玄注：「军法百人为卒，五人为伍。」宋李如箎《东园丛说》卷上：「周家乡遂之制，兵寓其中……其兵制则五人为伍，比与邻之夫也。」陶成章《浙案纪略·濮振声传》：「其军制与洪门各会党有异，以五人为伍，有伍长。」

译文

孙子说：战争的基本原则是：使敌人举国投降是上策，击破敌国是次一等的选择；使敌人全军投降是上策，击破敌

军是次一等的选择；使敌人全旅投降是上策，击破敌旅是次一等的选择；使敌人全卒投降是上策，击破敌卒是次一等的选择；使敌人全伍投降是上策，击破敌伍是次一等的选择。

评点 『夫用兵之法，全国为上，破国次之；全军为上，破军次之；全旅为上，破旅次之；全卒为上，破卒次之；全伍为上，破伍次之。』孙子在这里表达了他对战争的基本态度，这也是我国古代军事家对战争的深刻洞见。

《司马法》中说：『国虽大，好战必亡。』军队是国家的护卫力量，但战争是违背人性的暴力行动，是违反人类道德的行为。『夫兵者，凶器也；战者，逆德也，实不得已而用之。不可以国之大，民之众，尽锐征伐，争战不止，终致败亡，悔无所追。然兵犹火也，弗戢，将有自焚之患；黩武穷兵，祸不旋踵。』（《百战奇略》卷十《好战》）正因为兵器是杀人害命的凶险器具，战争是违背德治的暴力行动，所以，不是在迫不得已的时候，不要轻易使用它。国君不能以自己的国家大、人口多，就倾尽全力地进行征伐，使战争无休无止，最后导致国家败亡，到那时后悔也来不及了。发动战争如同玩火一样，不息灭它，必将带来自我焚毁之祸。所以，恃强好战，用兵不止，其祸患将产生于来不及转身的瞬间。说的就是这个道理。

同时，『战争与和平，是人类社会的两种存在状态。战争的破坏性，自其产生以来就一直存在。世界大战特别是核武器问世后，战争的破坏性剧增。防范动武，捍卫和平，成为进步人类的共同呼声。与当代社会强调法律规范相比，中国的和平主义，更突显出道德自觉和政治诉求，形成一种数千年一贯、日益强大的战略文化传统，它力争制止战争，注重外交协商，强调以谋取胜。』（姚有志 马德宝：《孙子兵法与当代中国的主流战争理论》）正是由于战争对于国家安全的危害性和对于人类社会的破坏性，所以使用军队发动战争，在中国传统兵学中一直被视为大忌，古代中国几乎所有的兵学著作中，都强调不能轻易开启战端。以『全』争胜，争取全胜，历来是中国兵家的目标。因此他们必然十分注重谋略的重要性。注重谋略的使用，

其实就是为了尽量避免战争，制止战争的爆发，减少战争手段的运用，尽可能地维护和巩固和平。

在《百战奇略》中，曾经举了隋炀帝好战亡国的例子来说明这一道理。『隋之炀帝，国非不大，民非不众，嗜武好战，日寻干戈，征伐不休，及事变兵败辽城，祸起萧墙，岂不为后世笑乎？吁，为人君者，可不慎哉！』意思是说，隋朝在炀帝杨广统治时期，国家并非不强大，人口并非不众多。然而，由于杨广嗜好武力与战争，不断对外寻衅用兵，连年征战无休无止。等到出征高丽的隋军兵败辽东城下，战争形势突然发生改变的时候，国内的隐藏的祸乱就由此而接连发生，最终导致隋王朝和炀帝本人亡国丧身的可悲下场。这难道不是为后世人所耻笑的事情吗？所以说，身为国君的人，一定要慎重战事啊！

隋炀帝杨广是中国历史上有名的暴君之一。公元604年（仁寿四年），他阴谋杀死了父亲隋文帝杨坚和哥哥太子杨勇而夺得帝位。即位之后，他便对外穷兵黩武，肆意侵掠，对内横征暴敛，挥霍无度。从公元612～614年（大业八年至十年），隋对高丽连续发动三次大规模战争，『皆兴百余万众，馈运者倍之』（《通典·食货七》）。先后动用兵力为340余万，强征民工680余万，大批劳动力脱离生产为战争服务，导致大批人员死亡，造成『耕稼失时，田地多荒』、『百姓困穷，财力俱竭』（《资治通鉴·隋纪五》）的民不聊生的局面，终于引发了隋末农民大起义，一举摧垮了隋王朝的统治，隋炀帝也在战乱中被手下所杀。

但是，战争在人类历史上是不可避免的，也不能一味反对。毛泽东在革命战争年代就曾经明确指出，中国革命采取武装夺取政权的形式，是被迫的最后选择。但是，在正常情况下，如果能够用和平手段解决问题，还是尽量不要动用武力，所以，新中国成立后，他又说：第一，无产阶级愿意用和平手段取得政权；第二，假使资产阶级使用暴力，无产阶级被迫也得使用暴力。革命用战争手段和用和平手段也是两条腿走路。实际上大量工作是用和平手段通过日常工作进行的，战争时间并不长，

但最后解决问题还是要靠战争。不用两条腿走路，就不能夺取政权。

是故百战百胜，非善之善也；不战而屈人之兵，善之善者也。

注释 是故：《通典》卷一四八和《御览》二七〇所引无此二字。百：概数，非实指，言其多。《书·盘庚下》：「邦伯师长百执事之人，尚皆隐哉！」韩愈《梨花下赠刘师命》诗：「洛阳城外清明节，百花寥落梨花发。」善：好，高明。非善之善：汉简本作「不善者善」；也：《通典》卷一四八无此「也」字，《御览》卷二七〇作「者也」。屈：使屈服。《诗·鲁颂·泮水》：「顺彼长道，屈此羣丑。」郑玄笺：「屈，治；丑，恶也。」韩愈《张中丞传后序》：「城陷，贼以刃胁降巡，巡不屈。」苏轼《上神宗皇帝书》：「则所谓智出天下，而听于至愚；威加海内，而屈于匹夫。」蒲松龄《聊斋志异·狐谐》：「狐谐甚，每一语，即颠倒宾客，滑稽者不能屈也。」

译文 所以说，百战百胜在军事行动中并不是高明中之最高明的；不通过交战就能使敌军屈服，才是高明中之最高明的。

评点 孙子提出的「不战而屈人之兵」的思想，在我国历史上不乏成功的战例。何延锡在为这一句做注时，曾举了东汉王霸讨周建、苏茂的故事。「后汉王霸讨周建、苏茂，既战归营，贼复聚挑战，霸坚卧不出，方飨士，作倡乐。茂雨射营中，中霸前酒樽。霸安坐不动。军吏曰：「茂已破，今易击。」霸曰：「不然。茂客兵远来，粮食不足，故挑战以徼一时之胜，今闭营休士，所谓不战而屈人兵，善之善也。」茂乃引退。」

东汉建武四年秋，光武帝刘秀派遣王霸和马武去讨伐梁王刘永的部将周建，苏茂带领人马赶来救援。交战之初，苏茂派精锐骑兵去阻截马武的粮草，马武率兵前往解救，周建又从城内冲出，与苏茂夹击马武，马武被苏茂、周建击败，率军经过王霸营垒时，大声呼救，请求王霸出来支持。王霸不但不出战，反而对马武喊道：「贼兵盛，出必两败，努力而已。」说着，紧闭营门，坚守壁垒。王霸部下的将士们对王霸这种见死不救的做法大为不解，王霸解释说：「茂兵精锐，其觽又多，吾吏士心恐，而捕虏与吾相恃，两军不一，此败道也。今闭营固守，示不相援，贼必乘胜轻进；捕虏无救，其战自弊。如此，茂觽疲劳，吾承其弊，乃可克也。」（《后汉书·王霸列传》）。苏茂、周建以为汉军胆怯互相之间不敢救援果然倾巢出动，进攻马武。马武见王霸不出兵相救，只得率全军奋力与敌兵激战。王霸营中将士见此情景都心急如焚，群情激奋，几十名将士甚至断发请战。王霸见部下锐气已盛，便率领精锐骑兵冲出营垒，袭击敌军后阵，与马武前后夹击。周建、苏茂腹背受敌，惊乱败走。王霸「既战归营」。

不久之后，苏茂又重新聚集兵力，到营前挑战。这时，王霸坚守不出，并在营中设宴，饮酒作乐，犒赏将士。苏茂命部下像雨点一样密集地向王霸营中射箭，甚至把王霸面前的酒杯都射中了。王霸依然安坐不动。部下军吏们都说：「茂前日已破，今易击也。」王霸却不这样看，他说：「不然。苏茂客兵远来，粮食不足，故数挑战，以徼一切之胜。今闭营休士，所谓不战而屈人之兵，善之善者也」（《后汉书·王霸列传》）。苏茂、周建求战不得，只好引军回营。当天夜里，周建的侄子周诵在城中起事，紧闭城门，不放苏茂、周建军马入城，二人只好偷偷逃遁。周诵献城降汉。王霸终于达到了「不战而屈人之兵」的目的。

故上兵伐谋，其次伐交，其次伐兵，其下攻城。

上兵：张预注曰：「兵之上者。」意思是最高明的用兵方略。

伐谋：曹操注曰：「敌始有谋，伐之易也。」李筌也说：「伐其始谋也。」并举例证明道：「后汉冠恂围高峻，峻遣

谋臣皇甫文谒恂，辞礼不屈。恂斩之，报峻曰：「军师无礼，已斩之。欲降急降；不欲，固守！」峻即日开壁而降。诸将曰：「敢问杀其使而降其城，何也？」恂曰：「皇甫文，峻之心腹，其取谋者。留之则文得其计，杀之则峻亡其胆，所谓上兵伐谋。」诸将曰：「非所知也。」』二说均认为所谓『伐谋』就是知道敌人开始有所计谋或谋划的时候，应当及时以智谋挫败。杜佑、杜牧、张预等人之见与此说略同。但也有人不赞同此说。例如，王皙曰：『以智谋屈人为最上。』周亨祥《孙子全译》也认为：『伐谋：伐以谋，即以谋伐之。伐，战胜。上兵伐谋：言上等的用兵策略是以谋略取利，「不战而屈人之兵」。曹操注：「敌始有谋，伐之易也。」此释义似未妥。』今两说并存，可互为参照。

伐交：对于此句，历代注家亦有不同理解，从《十一家注》中就可发现其理解上的分歧：『曹公曰：「交将合也。」孟氏曰：「交合强国，敌不敢谋。」杜佑曰：「不令合。」李筌曰：「伐其始交也。苏秦约六国不事秦，而秦闭关十五年，不敢窥山东也。」杜牧曰：「非止将合而已，合之者，皆可伐也。张仪愿献秦地六百里于楚怀王，请绝齐交。随和于黥布坐上杀楚使者，以绝项羽。曹公与韩遂交马语，以疑马超。高洋以萧深明请和于梁，以疑侯景，终陷台城。此皆伐交。权道变化，非一途也。」陈皞曰：「或云敌已兴师交合，伐而胜之，是其次也。若晋文公敌宋，携离曹、卫也。」梅尧臣曰：「以威胜。」王皙曰：「谓未能全屈敌谋，当且间其交，使之解散。彼交则事巨敌坚，彼不交则事小敌脆也。」何氏曰：「杜称已上四事，乃亲而离之之义也。伐交者，兵欲交合，设疑兵以惧之，使进退不得，因来屈服旁邻，既为我援，敌不得不弧弱也。」张预曰：「兵将交，战将合，则先薄之，孙叔敖之败晋师，厨人濮之破华氏是也。或曰：伐交者，用交以伐人也。言欲举兵伐敌，先给邻国为犄角之势，则我强而敌弱。」』综观各说，无非有两种不同理解，一是认为『交』为『交合』、『交战』之『交』，二是认为『交』是『外交』、『结交』之『交』。对于『伐交』的理解，应结合上文『伐谋』，如果将『伐谋』理解为伐之敌始有谋时，则宜采前说；若将『伐谋』理解为伐以谋，则宜采后说。为了与通常理解一致，这里均采前说，并与下文『伐兵』、『攻城』和孙子的『全胜』观念相协调。

其下：汉简本、十一家注本和武经本皆同此。《通典》卷一四八作『下政』，《御览》卷三一七作『下攻』，孙校本据《通典》改为『下政』，曹操亦注曰：『敌国已收其外粮城守，攻之为下政也。』李筌曰：『夫王师出境，敌则开壁送款，举榇辕门，百姓怡悦，政之上也。若顿兵坚城之下，师老卒惰，攻守势殊，客主力倍，政之为下也。』杜佑亦曰：『攻城屠邑，政之下也。』他们在解释『其下』时，也有『下政』之意。但据汉简本，《孙子》原书应为『其下』。

译文 因此，上策是用谋略战胜敌人，其次一等的方略是用外交手段战胜敌人，再次一等是用武力击败敌军，最下等的方法才是攻打敌人的城池。

评点 孙子所强调的『不战而屈人之兵』的『全胜』其实也就是运用谋略打败敌人，甚至可以把战争消灭在萌芽状态，从而达到目的。所谓『伐谋』、『伐交』，都是为了达到这一目的。

春秋时期，晋平公打算进攻齐国，便派大夫范昭去观察齐国的动静，齐景公设宴对他进行招待，晏子作为相国也一起陪着。当酒喝得兴致正浓的时候，范昭突然提出一个无礼的要求，请求用齐景公的酒杯斟酒喝。景公没有看穿他的意图，就大度地说：『那就用我的酒杯给客人进酒吧。』当范昭喝完自己杯中的酒，正想换杯斟酒时，旁边的晏子立即命人撤掉景公的酒杯，仍用范昭所用的杯子斟酒进客。范昭一计不成，又生一计，假装喝醉了，不高兴地跳起舞来，并对齐国的乐师说：『为我演奏一支成周的乐曲吧！我要随着乐曲而起舞。』乐师回答说：『盲臣未曾学过。』范昭于是无趣地离开筵席。范昭走后，齐景公怕因此而触怒了他引起麻烦，就责备晏子和乐师说：『晋国是个大国，如今派人来观察我国的情况，现在你们触怒了他

的使臣，这可怎么办呢？』晏子理直气壮地回答说：『范昭不是不懂礼法之人，他这样做是故意羞辱我国，所以我没有服从您的命令，用您的酒杯给他进酒。』乐师也说：『成周之乐是天子所享用的乐曲，只有国君才可以随之起舞。而今范昭不过是一大臣，却想在齐国用天子之乐伴舞，所以我不能为他演奏。』范昭回到晋国后，向晋平公报告说：『齐国现在还不能进攻。因为，我想羞辱他们的国君，结果马上就被晏子看穿了；想扰乱他们的礼法，结果又被他们的乐师识破了。』晋国于是放弃了进攻齐国的打算。孔子听到这件事后，赞叹地说：『不出筵席之间，而能抵御千里之外敌人的进攻，晏子正是这样的人啊！』

『伐谋』、『伐交』的战略在今天的国际舞台上仍然扮演着重要的角色。20世纪60年代初期，中苏两党发生了分裂，中国和苏联由朋友变为敌人，关系顿时紧张起来。苏联在中苏边界上部署了重兵，将导弹对准中国的主要城市，在亚洲其它地区组织反华势力挤压和骚扰中国，并联合东欧一些国家，在外交上对中国进行孤立，从而成了中国最主要的敌人，对中国的安全造成了巨大的威胁。中国领导人只得设法摆脱外交上的孤立状态。70年代初期，正急切希望缓解同主要共产党大国紧张关系的美国总统尼克松看到中国的这种情况和寻求外交上的突破的努力，及时发出了希望与中国改善关系的信号。1970年10月5日，美国主要新闻媒体《时代》周刊登载了尼克松和该杂志记者的谈话，传出了总统希望在有生之年访问中国的清晰信号。得到这一消息之后，中国也马上做出反应，1971年4月，中国政府邀请在日本参加第31届世界乒乓球锦标赛的美国乒乓球队访问中国。7月9日，美国总统的国家安全事务助理基辛格博士来到北京，同周恩来总理进行了长达17个小时的秘密磋商，为中美两国领导人的互访开道。1972年2月21日，尼克松乘专机抵达北京，与毛泽东等中国领导人进行了多次亲切友好的谈话，双方最终签订了具有重大历史意义的《上海公报》，为世界上两个大国之间的关系掀开了新的一页，这是中美两国『伐谋』、『伐交』活动的一个重大胜利。

在与中国改善关系的同时，在世界上的其它地方，尼克松也在推行积极的外交政策，一反约翰逊总统时期发动战争、铤而走险的强硬路线，在《孙子兵法》『伐谋』、『伐交』思想的指导下，与世界上大多数国家改善了关系或建立了新的关系。对苏联，1972年和1974年，尼克松两次访苏，与勃列日涅夫进行会谈，签订了多个双边协议。对西欧，为了改善同西欧盟友的关系，尼克松主张同西欧各国建立新的伙伴关系，并经过谈判发表了《大西洋关系宣言》。对日本，尼克松致力于加强美日同盟，以利用日本来牵制苏联，两国签订了《新日美安全条约》。对中东阿拉伯国家，尼克松努力改善同阿拉伯国家之间的关系，排挤苏联在阿拉伯的势力，削弱苏联在该地区的影响。对拉丁美洲国家，尼克松宣布与拉美国家建立平等伙伴关系的新政策。通过一系列外交上的措施和手段，美国在国际上大大提高了自己的声望，实现了他的政治意图和经济意图。

攻城之法，为不得已。修橹轒辒，具器械，三月而后成；距闉，又三月而后已。

注释

为不得已：汉简本和《御览》卷一九三所引无此四字，樱田本『已』后有『也』。其它各本均有此四字。修：制作，建造，制备。曹操曰：『修，治也。』《国语·周语中》：『选其馨香，洁其酒醴，品其百笾，修其簠簋……体解节折而共饮食之。』韦昭注：『修，备也。』《吕氏春秋·先己》：『于是乎处不重席，食不贰味，琴瑟不张，钟鼓不修。』高诱注：『修，设。』

橹：大楯，见《作战篇》『甲胄矢弩，戟楯矛橹』注。

轒辒：古代的一种用于攻城的战车。曹操注：『轒辒者，轒床也，轒床其下四轮，从中推之至城下也。』李筌注：『轒辒者，四轮车也，其下藏兵数十人，填隍推之，直就其城，木石所不能坏也。』杜牧注：『轒辒，四轮车，排大木为之，上蒙以生

牛皮，下可容十人，往来运土填堑，木石所不能伤，今所谓木驴是也。」另：唐沈佺期《塞北》诗之一：「朔风吹汗漫，飘砾洒轒辒。」《水浒传》第九二回：「宋江传令，修治轒辒器械，准备攻城。」魏源《城守篇·守备上》：「轒辒木驴旱船之属，皆防上而不防下，守城者每无如何，则任其挖掘。」一说指古代北方少数民族用的战车。《文选·扬雄〈长杨赋〉》：「碎轒辒，破穹庐。」李善注引应劭曰：「轒辒，匈奴车也。」

具：备办，准备。曹操注曰：「具，备也。」《仪礼·特牲馈食礼》：「主人及宾兄弟羣执事，即位于门外，如初，宗人告有司具。」《东观汉记·符融传》：「符融，妻亡，贫无殡敛，乡人欲为具棺服。」《西游记》第十四回：「正欲告辞，只见那老儿早具脸汤，又具斋饭。」《艺文类聚》卷六三、《御览》卷一九三所引均作「其」，误。器械：武器。《管子·地图》：「缮器械，选练士，为教服，连什伍，徧知天下，审御机数，此兵主之事也。」这里指攻城用的各种器具。曹操曰：「器械者，机关攻守之总名，飞楼云梯之属。」李筌注曰：「器械，飞楼、云梯、板屋、木幔之类也。」

三月而后成：汉简本作「三月而止」。距：通「具」，准备，构筑。「《墨子·备高临》「遂具寇」岑仲勉《墨子城守各篇简注》云：「具、拒音甚相近，即拒寇。」《孙子·九地》：「敌不及拒」，《史记·田单列传赞》引作「距」。是「距」、「拒」也通「具」，三字义通，皆「治」、「备」之意，与上「修」、「具」皆异文同义。」闉：通「堙」。土山，用于攻守或瞭望。《尉缭子·战威》：「破军杀将，乘闉发机，溃众夺地，成功乃返，此力胜也。」《新唐书·东夷传·高丽》：「江夏王道宗筑距闉攻东南，虏增陴以守。」距闉：即靠近敌城所筑的土丘。藉以观察城内虚实，并可登城。《续资治通鉴·宋仁宗庆历八年》：「明镐以贝州城峻，不可攻，谋筑距闉，度用工二万人，期三十日可与城齐。」清姚椿《舟过长寿感赋》诗：「寇来何坦如，不用设距堙。」又三月而后已：汉简本作「有三月然。」「又」、「有」古通。已：完毕。《战国策·齐策二》：

「左右恶张仪，曰：「仪事先王不忠。」言未已，齐让又至。」《史记·樗里子甘茂列传》：「苏代许诺，遂致使于秦，已，因说秦王曰：「甘茂非常士也。」」陆游《老学庵笔记》卷三：「邻有住庵僧召老叶饭，饭已，亟辞归。」

译文 攻城，是万不得已才采用的办法。制作准备攻城的大楯、轒辒和其它攻城的各种器械，需要几个月时间才能作成。构筑攻城的土山，又要几个月才能完工。

评点 李筌为这一段所做的注中，曾举例说「东魏高欢之围晋州，侯景之攻台城，则其器也」。南北朝时南朝梁的叛将侯景攻台城时，就使用了孙子在这里所提到的多种器械和方法。

在中国历史上，侯景已反复无常著称。他本来是东魏高欢手下的一员将领，奉命带兵十万，镇守黄河以南地区。高欢深知侯景的为人，知道此人不可靠，临死之前，打算派人把他召回洛阳，以免在外谋反。侯景得知高欢的死讯后，就不再接受东魏的调遣，而是带着人马连同所辖土地一起投降了西魏。西魏丞相宇文泰对侯景也不信任，虽然接受侯景的献地，但还是要召侯景到长安去，打算解除他的兵权，免生后患。侯景见此情景，知道在西魏也于己不利，于是又转而打算投降南梁。侯景的使者到了南梁以后，大臣们大多认为南梁和北朝多年相安无事，现在接纳了北朝的叛将，难免引起纠纷。但是梁武帝却认为，接纳了侯景，就可以凭借他的力量，乘机恢复中原，统一中国，于是不听大臣的劝阻，接受了侯景的投降，并封侯景为大将军、河南王，派他的侄子萧渊明亲自带兵五万去与侯景汇合。

萧渊明带兵北上，与东魏的人马发生了冲突，结果梁军几乎全军覆没，萧渊明也成了北朝的俘虏。东魏打败萧渊明之后，又来进攻侯景，侯景也被打得大败，最后带领八百人逃到南梁的寿阳。东魏此时也不想把战局扩大，于是派使者到南梁请求和谈，并答应愿意把萧渊明放回来。侯景听说以后，担心和谈对自己不利，就派一个人冒充东魏使者到建康，提出用萧渊明

全父母赐给我们的身体，全身而退，不失孝道呢？』娄师德的弟弟回答道：『从今天起，就是有人把口水吐在我的脸上，我也不会口出怨言，只把口水默默地擦掉也就算了。我有这样的忍耐力，哥哥您不必为我担心了吧？』娄师德说：『你所说的，正是我所担忧的事情啊！那个人朝你吐口水，就是对你发泄怒气，如果你把口水擦掉，就是表示你厌恶他，与他对抗，那样他的怨气就得不到发泄，他还是会对你心存怨恨。不如不擦掉它，笑着领受，反正口水自己会干的。』

这就是成语『唾面自干』的由来，虽然没有原则的一味忍让也是一种不可取的态度，但克制自己的怒气，保持清醒的头脑是每个人都应该时时提醒自己的，对于军事统帅来说，这一点显得尤为重要。

三国时期，蜀汉丞相诸葛亮出兵伐魏，与司马懿率领的魏军对峙在武功一带。诸葛亮劳师远征，粮草的供应成了一个大问题。他虽然令军士们就地屯田，作好了与司马懿长期对峙的准备，但考虑到这终究不是上策，于是数次向司马懿挑战，希望能够速战速决，但司马懿都置之不理。于是，诸葛亮想出了一个主意，派人给司马懿送去了一套女人的衣服，羞辱司马懿像女人一样胆小，想激怒司马懿，逼他与蜀军决战。司马懿看出了诸葛亮的用意，不仅没有生气，反而热情地招待被派来送女人衣服的使者，避而不谈两军交战之事，而是和颜悦色地询问诸葛亮的日常饮食和军务的繁简情况。使者如实做了回答，说：『诸葛丞相每天都早起晚睡，军中凡是处罚在二十以上的，丞相都要亲自过问。每天所吃的饭食，不过数升而已。』司马懿闻言，长松一口气说：『诸葛孔明食少事烦，其能久乎？』

司马懿的部将们见诸葛亮如此侮辱自己的主帅，都怒不可遏，纷纷要求出战。司马懿知道此时无法平息众将的怒气，于是也装出一副非常气愤的样子，给魏帝写了份奏表，请求与诸葛亮决一死战。魏帝心领神会，令使者辛毗持节来到司马懿军中，传喻司马懿不得出战。司马懿以此把众将士的怒气压了下去。

诸葛亮听到司马懿千里上表请战的消息后，对部将姜维道：『将在军，君命有所不受。司马懿其实本无战意，只是部下纷纷要求出战，为了安抚部众，才做出这样的举动。作为一名主帅统兵在外，如果他与我决战有能够得胜的把握，哪有千里请战的道理？他知道我军远道而来，千里运粮，利在速战速决，因而想要使我师老兵疲，再乘我粮尽军退之时发动进攻。不用说魏主不允许他出战，就是命令他马上出战，他也不会出来的。』

两军就这么在武功一带对峙着，直到诸葛亮重病缠身，卧床不起。

故善用兵者，屈人之兵而非战也，拔人之城而非攻也，毁人之国而非久也，必以全争于天下，故兵不顿而利可全，此谋攻之法也。

注释

屈人之兵而非战也：屈：汉简本作『诎』，『诎』同『屈』。《通典》卷一六〇和《御览》卷三一七所引该句及下两句后均无『也』字。毁：汉简本作『破』，毁坏、破坏的意思。非久：《通典》卷一六〇所引作『不久』。全：保全，万全。见『全国为上』注。顿：通『钝』，不锋利。《晏子春秋·问上六》：『先君能以人之长续其短，以人之厚补其薄，是以辞令穷远而不逆，兵加于有罪而不顿。』张纯一校注：『顿与钝通。』《史记·屈原贾生列传》：『莫邪为顿兮，铅刀为铦。』司马贞索隐：『顿，钝也。』《汉书·贾谊传》也作『钝』。梁启超《商会议》：『一矢易折，束百十矢，千将之锋为顿焉。』全：成全，圆满完成。《史记·司马相如列传》：『天下之壮观，王者之丕业，不可贬也。愿陛下全之。』

译文

所以，善用兵的人，不通过强拼硬打就能够使敌人屈服，不通过强攻就能使敌城被攻占，摧毁敌国而不是靠久战。必定要在天下争取全胜，这样军队不会疲惫受挫，就可以使预期利益圆满得到，这就是以谋攻敌的方法。

评点 这里孙子所强调的，仍然是『不战而屈人之兵』的道理。

公元前63年，羌人叛乱，羌人中的一支先零羌联合各部落，强渡湟水，占据了汉朝边郡的大片地区。为了共同对付汉人的进攻，羌族二百多位部落酋长会盟消除冤仇，交换人质，订立攻守同盟。汉宣帝听到这一消息后，便召见将军赵充国商量对策。赵充国说：『羌人所以易制者，以其种自有豪，数相攻击，势不一也。往三十余岁，西羌反时，亦先解仇合约攻令居，与汉相距，五六年乃定。至征和五年，先零豪封煎等通使匈奴，匈奴使人至小月氏，传告诸羌曰：「汉贰师将军众十余万人降匈奴。羌人为汉事苦。张掖、酒泉本我地，地肥美，可共击居之。」以此观匈奴欲与羌合，非一世也。间者匈奴困于西方，闻乌桓来保塞，恐兵复从东方起，数使使尉黎、危须诸国，设以子女貂裘，欲沮解之。其计不合。疑匈奴更遣使至羌中，道从沙阴地，出盐泽，过长坑，入穷水塞，南抵属国，与先零相直。臣恐羌变未止此，且复结联他种，宜及未然为之备。』他分析了羌族以及北方各少数民族的情况，指出一旦他们『解仇交质』，并与匈奴勾结在一起，『到秋马肥，变必起矣』。因此建议汉宣帝立即加强边境的防御工作，同时派人到羌人居住的地区去，离间羌族各部落的关系，瓦解他们的同盟。宣帝采纳了赵充国的建议，一面加强边境的军事防御，一面派骑都尉义渠安国出使羌族，完成『伐交』的工作。然而，由于派去的使节义渠安国未能按照赵充国的建议行事，不但没有完成此行的使命，反而激发了羌人与汉人的矛盾，最后狼狈而归。

公元前61年春，汉宣帝任命年已73岁的赵充国为统帅出征陇西，防范羌人。临行前，宣帝问他：『将军度羌虏何如，当用几人？』意思是你认为羌人目前的势力究竟有多大？需要带多少兵去？赵充国说：『百闻不如一见。兵难踰度，臣愿驰至金城，图上方略。然羌戎小夷，逆天背畔，灭亡不久，愿陛下以属老臣，勿以为忧。』

赵充国率领一万多骑兵先到了金城，全军渡过黄河之后立即构筑营垒严阵以待。不久，便有一百多个羌族骑兵到汉营附

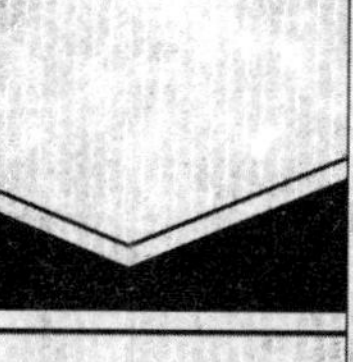

近来挑战。众将领建议出阵迎战，赵充国传令：『我军远道而来，人困马乏，敌人都是轻装精兵，可能是专门来引诱我们的小股前锋。我们既然大军远道出征，就应当以全歼敌军为目的，不要贪图局部的小胜利。』羌兵见汉军不动，只好回去了。接着，赵充国派人到咽喉要道四望峡侦察，发现那里没有敌人的防守和埋伏，便领兵连夜穿过四望峡，直插西部都尉府。穿过四望峡之后，赵充国笑着说：『吾知羌虏不能为兵矣。使虏发数千人守杜四望狭中，兵岂得入哉！』

赵充国到达西部都尉府后，没有立即出战，而是每天设宴摆酒，犒劳将士。无论羌兵怎样鼓噪挑战，汉军都不理睬。先零谋反之初，罕、开部首领靡当儿曾派其弟雕库来见西部都尉，表明自己本不愿反的立场，但因为有部分罕、开部落的人参与了反叛，西部都尉便将雕库扣留。赵充国到来之后，下令释放雕库，并当面抚慰说：『大兵诛有罪者，明白自别，毋取并灭。天子告诸羌人，犯法者能相捕斩，除罪。斩大豪有罪者一人，赐钱四十万，中豪十五万，下豪二万，大男三千，女子及老小千钱，又以其所捕妻子财物尽与之。』

这个时候，汉宣帝调集了各地军队大约6万人，酒泉太守辛武贤向宣帝提议说：『郡兵皆屯备南出，北边空虚，势不可久。或曰至秋冬乃进兵，此虏在竟外之册。今虏朝夕为寇，土地寒苦，汉马不能冬，屯兵在武威、张掖、酒泉万骑以上，皆多羸瘦。可益马食，以七月上旬赍三十日粮，分兵并出张掖、酒泉合击罕、开在鲜水上者。虏以畜产为命，今皆离散，兵即分出，虽不能尽诛，亶夺其畜产，虏其妻子，复引兵还，冬复击之，大兵仍出，虏必震坏。』宣帝同意了辛武贤的意见，并转达给赵充国。赵充国则以为：『武贤欲轻引万骑，分为两道出张掖，回远千里。以一马自佗负三十日食，为米二斛四斗，麦八斛，又有衣装兵器，难以追逐。勤劳而至，虏必商军进退，稍引去，逐水草，入山林。随而深入，虏即据前险，守后厄，以绝粮道，必有伤危之忧，为夷狄笑，千载不可复。而武贤以为可夺其畜产，虏其妻子，此殆空言，非至计也。又武威县、张掖日

勒皆当北塞，有通谷水草。臣恐匈奴与羌有谋，且欲大入，幸能要杜张掖、酒泉以绝西域，其郡兵尤不可发。先零首为畔逆，它种劫略。故臣愚册，欲捐罕、开暗昧之过，隐而勿章，先行先零之诛以震动之，宜悔过反善，因赦其罪，选择良吏知其俗者拊循和辑，此全师保胜安边之册。』他主张坚持采取刚柔相济的策略，争取罕、开，孤立先零。

然而皇帝和大臣们却不认为是这样，宣帝下诏书谴责了赵充国，并派人率兵征讨罕、开羌人，而且要求速战速决。赵充国认为，将在外君命有所不受，他据理力争力劝宣帝收回成命。他指出：『臣闻兵法「攻不足者守有余」，又曰「善战者致人，不致于人」。今罕羌欲为炖煌、酒泉寇，宜饬兵马，练战士，以须其至，坐得致敌之术，以逸击劳，取胜之道也。今恐二郡兵少不足以守，而发之行攻，释致虏之术而从为虏所致之道，臣愚以为不便。先零羌虏欲为背畔，故与罕、开解仇结约，然其私心不能亡恐汉兵至而罕、开背之也。臣愚以为其计常欲先赴罕、开之急，以坚其约，先击罕，先零必助之。今虏马肥，粮食方饶，击之恐不能伤害，适使先零施德于罕羌，坚其约，合其党。虏交坚党合，精兵二万余人，迫胁诸小种，著者稍众，莫须之属不轻得离也。如是，虏兵寝多，诛之用力数倍，臣恐国家忧累繇十年数，不二三岁而已。』最后终于说服了皇帝。

不久，赵充国进兵先零羌占据的地区，先零猝不及防，丢下了所有的辎重物资，纷纷渡过湟水逃跑。有的将领认为应趁此大好时机追歼敌军，赵充国却回答说：『此穷寇不可追也，缓之则走不顾，急之则还致死。』结果，先零羌淹死数百人，被杀和投降汉军有五百人，留下牛羊十万余头，车四千余辆。接着赵充国又进军到了罕、开地区，严令士兵不准侵扰，部落首领靡当儿到汉军营地说：『汉兵果然笃守信义，不打击我们。』表示愿听约束，仍回故地。

这年秋天，赵充国染病在身。由于赵充国正确的战略，羌人投降的人数达到了万人以上，为了确保边防的安全，做打败羌人的长久打算，他向汉宣帝提议撤退骑兵，留一万步兵屯田守边。

赵充国上了屯田策之后，遭到多数朝臣的反对。宣帝派来破羌将军辛武贤，命令他俩合兵一处进攻先零。赵充国再次上书，指出：『臣闻兵者，所以明德除害也，故举得于外，则福生于内，不可不慎。臣所将吏士马牛食，月用粮谷十九万九千六百三十斛，盐千六百九十三斛，茭槁二十五万二百八十六石。难久不解，繇役不息。又恐它夷卒有不虞之变，相因并起，为明主忧，诚非素定庙胜之册。且羌虏易以计破，难用兵碎也，故臣愚以为击之不便。』『臣闻帝王之兵，以全取胜，是以贵谋而贱战。战而百胜，非善之善者也，故先为不可胜以待敌之可胜。蛮夷习俗虽殊于礼义之国，然其欲避害就利，爱亲戚，畏死亡，一也。今虏亡其美地荐草，愁于寄托远遁，骨肉心离，人有畔志，而明主般师罢兵，万人留田，顺天时，因地利，以待可胜之虏，虽未即伏辜，兵决可期月而望。羌虏瓦解，前后降者万七百余人，及受言去者凡七十辈，此坐支解羌虏之具也。』因此，他主张『班师罢兵，万人留田』，并具体陈述了屯田的『便宜十二事』。

赵充国为坚持屯田之策，三次上书，最后终于说服了皇帝，批准了屯田的建议。这时，许延寿和辛武贤仍然主张武力进击羌人，宣帝也予以批准。命二人和中郎将赵卬会师进剿。结果，许延寿收降羌人四千多名，辛武贤斩杀二千，赵卬斩杀、收降二千多人，赵充国兵不出营而收降五千多人。皇帝下诏罢兵。于是，赵充国又上奏章说，羌人约有五万军兵，已经斩首七千六百级，降者三万一千二百人，淹于湟水和饥饿而死的也有五六千人，现在逃跑的四千兵马，况且罕羌首领表示，要杀死先零羌的首领杨玉，于是请求回军。果然不出赵充国所料，『其秋，羌若零、离留、且种、兒库共斩先零大豪犹非、杨玉首，及诸豪弟泽、阳雕、良兒、靡忘皆帅煎巩、黄羝之属四千余人降汉。』

赵充国收服羌人，可以说充分反映了《孙子兵法》中『屈人之兵而非战也』的思想。首先，他通过对双方情况的分析，认为汉朝是必然会取得胜利的，决定采用代价最小的军事策略来完成使命。其次，他通过观察深入了解了羌人的特点，『羌

虏不能为兵矣。使虏发数千人守杜四望狭中，兵岂得入哉』和『羌人所以易制者，以其种自有豪，数相攻击，势不一也』等实际情况中，制定了正确的战略方针。在赵充国整个平羌的过程中，几乎没有发生大的战斗，最终圆满完成了『不战而屈人之兵』的目标。

故用兵之法，十则围之，五则攻之，倍则分之，敌则能战之，少则能逃之，不若则能避之。故小敌之坚，大敌之擒也。

注释

十：指我军实力十倍于敌，下文『五』、『倍』同。围：包围。《左传·隐公五年》：『宋人伐郑，围长葛。』韩愈《南山诗》：『或屹若战阵，或围若搜狩。』《水浒传》第六四回：『我等众军围许多时，如何杳无救军来到？』

分：分为两半，半。曹操曰：『以二敌一，则一术为正，一术为奇。』李筌注：『夫兵者倍于敌，则分半为奇，我众彼寡，动而难制。』另：《公羊传·庄公四年》：『襄公将复仇乎纪，卜之，曰：「师丧分焉。」』何休注：『分，半也。师丧其半。』《列子·周穆王》：『役夫曰：「人生百年，昼夜各分。」』张湛注：『分，半也。』宋陆游《秋夕虹桥舟中偶赋》：『枫落荷疏秋渐老，河倾斗转夜将分。』

敌：对等，相当。曹操注：『己与敌人众等，善者犹当设奇伏以胜之。』李筌注：『主客力敌，惟善者战。』梅尧臣注：『势力均则战。』另，《战国策·秦策五》：『秦人援魏以拒楚，楚人援韩以拒秦，四国之兵敌，而未能复战也。』姚宏注：『敌，强弱等也。』北魏杨衒之《洛阳伽蓝记·高阳王寺》：『陈留侯李崇谓人曰：「高阳一日，敌我千日。」』魏源《岱麓诸谷·岱谷西溪》诗：『山大水声小，水与山不敌。』

倍则分之，敌则能战之：《〈孙子〉会笺》和《孙子校释》均认为应作『倍则战之，敌则能分之』。『「倍则分之，敌则能战之」：各本皆如此。《后汉书·袁绍传》注亦引作「敌则能战」。「敌」在此训「匹」，见《尔雅·释诂》，亦即势均力敌之「敌」。按：既言「倍」，即言我处相对优势，故有战胜之可能，如此则自当言战。若「倍」言「分」，即言处相对优势亦不战；既处相对优势亦不战，则何以又在彼我势均力敌情况下，亦即在我并不处优势地位、并不具有必胜条件之情况下，与敌拚死？若「敌」必言「战」，则「倍」又何用「分」之？「以十击一」，在具体战役或战斗上集中优势兵力，使自己成为有如「以镒称铢」之「胜兵」，此乃孙子之一贯主张，而此主张又复见于此节之前几句，而今却又言「敌则能战之」，即在毫无胜利把握之情况下「战之」，此与孙子军事思想似有未合。再查《史记·淮阴侯列传》云：「吾闻兵法，十则围之，倍则战。」《资治通鉴》载武德元年陈智略、单雄信等说李密亦云：「兵法曰：倍则战。」故「倍则分之」应作「倍则战之」，而「敌则能战之」则应为「敌则能分之」。「倍则战之」：言我二倍于敌，亦即我处相对优势，则可与战，因争取胜利，虽无绝对把握，也有相当把握。「敌则能分之」：言彼我双方势均力敌，则应设法分敌之兵，使之兵力分散而处相对劣势，如此，我争取胜利方有可能。《孙膑兵法·客主人分》有云：「能分人之兵，能按人之兵，则锱（铢）而有余，不能分人之兵，不能按人之兵，则数倍而不足。」又，《威王问》云：「击均奈何？孙子曰：营而离之，我并卒而击之。」此非「敌则能分之」之义乎？历来注家于此多不察孙子集中兵力以保持主动之旨，而沿袭旧文，致使前后文意矛盾，不能自圆，且于「分」字又妄为之说，谓指奇正而言。杜牧有鉴于此，云：「此言非也。……夫战法，非论众寡，每阵皆有奇正，非待人众然后能设奇。项羽于乌江，二十八骑尚不聚之，犹设奇正，循环相救，况于其它哉！」按杜说甚是。兵分奇正，乃兵之常，岂止于「倍」时言耶？故此「分」字乃指分敌兵力，非指我自分奇正。』但是，也有人不同意此说，周亨祥《孙子全译》认为：『然

「分」与「战」字形字音相去甚远，一般不会误写，两句相连，字数不多，一般也无错简可能。故孙子原文当本如此。「战」以上几句均言战，「战」以下两句言不战，此句与上下文联系起来就是「战」与「不战」的分界线。看是「匹」之上还是「匹」之下。「匹」之上则采取「围」、「攻」、「分」之法，「匹」之下则「逃之」、「避之」，「匹」则可与战，然非必战，此为「战」之最起码条件。「能」者，非必也，只是「勉强可以」之谓。或谓：这不违反了孙子一贯主张的集中优势兵力以歼灭敌人的原则？其实不然。「少」、「不若」不战，「倍」以上直不待言，均符合这个原则。然而，在冷兵器时代，在相互匹敌时，并非在所有条件下都可分，且在许多条件下「分」后亦为「匹」，在此种条件下，是处于可战可不战之间，须相机而行。若必须交战，「匹敌」是最起码的必要条件，能匹敌，经努力还可能战胜敌人，至少不至大败。后几句之所以加「能」，自是不「必」。因为若有天时、地利或人谋的绝对优越的条件何以「必」「逃之」、「进之」？此各句均就一般条件下依力量从原则上言之。因而，「敌则能战之」并不违反孙子以绝对优势兵力歼敌的原则。』两家之说均有一定道理，这里仍依成说，即『倍则分之，敌则能战之』，两家之说并录于此，以资参照。

少：己方兵力少于敌军。少则能逃之：《孙子校释》认为应为『少则能守之』。『武经本、十一家注本「守」皆作「逃」，樱田本同。《通典》卷一五五与《御览》卷二九五亦并作「逃」，唯「则」作「而」。其它各本有作「逃」者，亦有作「守」者；即曹操单注本亦不一致：孙星衍《平津馆丛书》本作「逃」，而四库抄本《孙吴司马法》（以下简称「四库本」）则作「守」。再查各家注，曹操注云：「高壁深垒，勿与之战」，杜牧注意同，是其所据本当为「守」字。而梅尧臣注则云：「彼众我寡，去而勿战」。王皙注则径注：「逃，伏也。」张预注亦云：「逃去之，勿与战。」查《形篇》有云：「守则不足」，敌众我寡则取守势，乃法之常，故当依曹操注作「守」；作「逃」于义亦通，且可与下句之「避」互文，唯不可以逃跑释之。于鬯谓「逃」乃「挑」之借字，且据《说文》训「挑」为「挠」，云：「盖不能败之，但能挠之耳。」按：此说亦有理，可为参校。』因『作「逃」于义亦通，且可与下句之「避」互文』，且武经本、十一家注本等主要传本均作『逃』，这里仍取传本之说，作『少则能逃之』，此说存之。逃：逃避，躲避。《左传·定公五年》：『申包胥曰：「吾为君也，非为身也。君既定矣，又何求？且吾尤子旗，其又为诸？」遂逃赏。』韩愈《送灵师》诗：『齐民逃赋役，高士着幽禅。』明谢肇淛《五杂俎·人部一》：『生死祸福，一定不易，精术数者，但能前知之耳，不能逃也。』

不若：己方实力弱于敌人。避：躲开，回避。曹操曰：『引兵避之也。』另，《管子·立政》：『罚避亲贵，不可使主兵。』汉枚乘《上书谏吴王》：『忠臣不避重诛，以直谏，则事无遗策，功流万世。』《三国演义》第四回：『我闻朝廷遍行文书，捉汝甚急，汝父已避陈留去了。』这里指避免与敌正面交锋。之：训「若」，如果。坚：坚决，固执。马王堆汉墓帛书《战国纵横家书·苏秦谓齐王章（四）》：『夏后坚欲为先薛公得平陵，愿王之勿听也。』欧阳修《论杜衍范仲淹等罢政事状》：『及陛下坚不许辞，方敢受命。』之：犹『则』也。《左传·僖公九年》：『东略之不知，西则否矣。』

译文 因此，用兵的原则是：己方兵力十倍于敌就包围敌人，己方兵力五倍于敌就进攻敌人，己方兵力两倍于敌就分兵消灭敌军，与敌兵力势均力敌则能够抗击敌军，己方兵力比敌军少就应该摆脱敌人，己方实力不如敌军则不要与敌正面交锋。所以，如果实力弱小还要坚持应战，一定会被强大的敌人所俘虏。

评点 在不同的兵力对比下，就应该采取不同的战略措施，以众击寡，取胜的把握就大，而如果以寡击众，一般情况下，都难免失败的命运。西汉李陵的悲剧就证明了这一点。

公元前102年（天汉二年），汉武帝派贰师将军李广利率三万骑出酒泉，出战匈奴，击右贤王于天山。召骑都尉李陵为李

广利军押运辎重。汉朝李陵是飞将军李广的孙子，『善骑射，爱人，谦让下士，甚得名誉』，并且志向远大，他不满意押运粮草的差事，向皇帝叩头自请说：『臣所将屯边者，皆荆楚勇士奇材剑客也，力扼虎，射命中，愿得自当一队，到兰干山南以分单于兵，毋令专乡贰师军。』皇帝以兵少推脱，说：『将恶相属邪！吾发军多，毋骑予汝。』意思是你是不想在别人手下为将，那也没有关系，但我派出的部队多，没有多余的骑兵给你。李陵慷慨激昂地回答说：『无所事骑，臣愿以少击众，步兵五千人涉单于庭。』汉武帝被他的壮志感动，答应了他的要求，并下令强弩都尉路博德将兵半道迎陵军，做李陵的后援。路博德曾经做过伏波将军，羞于为李陵做后援，上奏道：『方秋匈奴马肥，未可与战，臣愿留陵至春，俱将酒泉、张掖骑各五千人并击东西浚稽，可必禽也。』汉武帝接到奏报后怀疑是李陵后悔害怕不愿意出战，才让路博德上书，非常生气，于是对路博德说：『吾欲予李陵骑，云「欲以少击众」。今虏入西河，其引兵走西河，遮钩营之道。』又给李陵下诏说：『以九月发，出庶虏鄣，至东浚稽山南龙勒水上，徘徊观虏，即亡所见，从浞野侯赵破奴故道抵受降城休士，因骑置以闻。所与博德言者云何？具以书对。』李陵不得已，于是率领麾下的五千步卒出居延，在大漠中北行三十日，孤军深入，至浚稽山扎营，并派人向汉武帝汇报。

李陵到了浚稽山，和匈奴单于相遇对峙。匈奴派出约三万骑兵围住李陵的五千步军。李陵在两山以大车为营，亲自带领士卒出营排开阵势。匈奴人见李陵人少，立刻发起冲锋，但李陵布阵有方，丝毫不乱，前队是长戟盾牌，后队是弓箭、强弩。先是和匈奴近战相搏，然后千弩俱发，把匈奴打退，匈奴人跑到山上，汉军追击，杀数千人。匈奴单于大惊，再召八万铁骑合众围攻李陵。敌人十倍于己，并且都是骑兵，李陵的队伍抵不住，一边打一边南撤。一路血战，『南行数日，抵山谷中。连战，士卒中矢伤，三创者载辇，两创者将车，一创者持兵战。』在不利的形势下，击杀敌军数千人。匈奴倚仗人多，有时

一天要打几十仗，死伤众多。

李陵引兵向东南退却，延着故龙城道又走了四五日，抵达一片长满芦苇的大沼泽，匈奴人从上风纵火，李陵也下令军中纵火以自救。又退到一处山下，匈奴人尾随追击，单于在山上命令其子率骑兵向李陵发起进攻。『陵军步斗树木间，复杀数千人，因发连弩射单于，单于下走。』当日，据俘获的匈奴人所言：『单于曰：「此汉精兵，击之不能下，日夜引吾南近塞，得毋有伏兵乎？」诸当户君长皆言：「单于自将数万骑击汉数千人不能灭，后无以复使边臣，令汉益轻匈奴。」复力战山谷间，尚四五十里得平地，不能破，乃还。』原来单于看到自己数万铁蹄连这点人都打不过，心里胆怯，疑心李陵有大军埋伏，曾经准备撤军。

李陵的形势越来越危急，由于匈奴骑兵多，常常一天要交战数十个回合。但是，汉军都奋勇杀敌，也没让匈奴人占到什么便宜，匈奴人战不利，又想退去。就在这时，发生了一件意想不到的情况，军候管敢因为被校尉所辱，一怒之下投敌，把李陵没有后援粮矢且尽以及李陵的部队旗帜等情报都告知单于。单于得报大喜，命令匈奴全军压上。匈奴人在山上，汉军在谷中，匈奴人利用有利的地势从四面向谷中万箭齐发，『矢如雨下』，李陵军马陷入重围，弓矢全部用光，『于是尽斩旌旗，及珍宝埋地中』，仰天长叹道：『复得数十矢，足以脱矣。今无兵复战，天明坐受缚矣！各鸟兽散，犹有得脱归报天子者。』南逃时，成安侯韩延年又战死，李陵自觉『无面目报陛下』，于是束手就擒。这时候，距离边塞只剩下了不过百里之地。

夫将者，国之辅也。辅周则国必强，辅隙则国必弱。

注释 辅：原指车轮外旁增缚夹毂的两条直木，用以增强轮辐载重支力。这里是辅助、辅佐的意思。《书·蔡仲之命》：

『皇天无亲，惟德是辅。』孔传：『天之于人无有亲疏，惟有德者则辅佑之。』晋刘琨《劝进表》：『冢宰摄其纲，百辟辅其治。』明方孝孺《赠林公辅序》：『尽其道，则可以运阴阳而顺四时，辅天地而遂万物。』周：密，引申为圆满。则国：《御览》卷二七二所引无『则』字，《通典》卷一四八『则国』二字都没有。隙：缺，有疏漏。

 将领就是国君的辅助。辅助得周密则国家就强盛，辅助得有疏漏则国家就衰弱。

评点 识人用人在任何时候都被一些明智的军事家和政治家所重视。三国时期，诸葛亮死后，继诸葛亮主持蜀国大政的是蒋琬。可以说，诸葛亮任用蒋琬做接班人，是慧眼识才的结果。

刘备入益州的时候，蒋琬刚刚20岁，职务上仅仅是个州书佐的小官。214年，蒋琬被任命为广都县令，他感到自己在这个位置上还不能尽展自己的才华，因此天天饮酒，也不去认真过问政事。有一次，刘备外出巡视来到广都，看到蒋琬喝得酩酊大醉，什么事都不做，就大发雷霆，准备治他的罪。诸葛亮与蒋琬接触多一些，知道此事后，向刘备求情道：『蒋琬是治理国家的大器，但不是治理一个小地方的人才。他做事是以安定民生为根本，而不看重做表面文章，希望主公能够认真加以考察。』刘备一向比较尊重诸葛亮的意见，见诸葛亮替他求情，便没有加罪于他，只是免了他的职。

刘备成为汉中王以后，蒋琬在诸葛亮的举荐下，当了尚书郎，后来又作了长史，兼任抚军将军。诸葛亮几次外出征战，都是蒋琬负责保障军粮和军械的供给，并且做得非常出色。诸葛亮常夸奖他说：『蒋琬以忠心和正直来寄托报效国家的志向，这正是辅佐我完成统一事业的人啊！』诸葛亮生前曾给后主刘禅写了一份密奏说：『假如我去世，可以由蒋琬接替我，以完成我未竟的事业。』诸葛亮死后，刘禅便遵照诸葛亮的遗嘱，拜蒋琬为相。蒋琬执政以后，以沉着、稳重见长，首先稳定了蜀国的局面，改变了由于诸葛亮去世所造成的大小官员忧心忡忡的状况。并且对各种不同性格的下属都能加以体谅，使群臣十分信服。

关于如何有效利用人才，一直是我国古代讨论的比较多的一个问题，如《墨子》中就专门有《亲士》。诚然，如果要做成一番事业，得到有权势的人的支持，的确可以起到『好风凭借力，送我上青云』的作用。但是，人才的作用也是非常重要的。对于一个国家或者组织来说，人才可以成为领导者的左膀右臂。古代君主礼贤下士而治国成功的事例不胜枚举。对于个人来说，有才华有能力的人在身边不但可以经常给自己提出一些指教和帮助，而且还可以直接促进自己能力的提高。

据《史记》记载：齐威王与魏惠王在一起打猎。魏惠王问齐威王：『您一定也有宝贝吧？』齐威王回答道：『没有。』魏惠王说：『像我们小小的魏国，尚且有直径一寸，可以照亮前后各十二辆车子的珠子十枚，而你们齐国是拥有万辆战车的大国，怎么可能没有宝贝呢？』齐威王说：『我所认为的宝贝和您不一样。我有个叫檀子的大臣，派他去把守南城，楚国就不敢侵犯我国南部边境，泗上十二诸侯都来朝拜；我有个叫肦子的大臣，让他把守高唐，赵国就不敢侵犯我国西部边境；我有个叫黔夫的大臣，让他把守徐州，燕国、赵国都怕被侵伐，分别在北门、西门祭祷；我有个叫种首的大臣，让他主持缉捕盗贼，我国的风气路不拾遗。这样的宝贝能够光照千里，区区十二辆车子算得上什么？』魏惠王听后深感惭愧，怏怏不乐地离开了。

虽然两千多年过去了，齐威王以人才为宝的议论至今仍振聋发聩。

故君之所以患于军者三：不知军之不可以进而谓之进，不知军之不可以退而谓之退，是谓縻军；不知三军之事而同三军之政，则军士惑矣；不知三军之权而同三军之任，则军士疑矣。三军既惑且疑，则诸侯之难至矣。是谓乱军引胜。

注释

患于：汉简本作「患」，无「于」字。患：为害，成为祸患。宋蔡絛《铁围山丛谈》卷二：「西羌唃氏，久盗有古凉州地，号青唐。传子董毡死，其子弱，羣下争强，遂大患边。」谓：使，令。《诗·小雅·出车》：「自天子所，谓我来矣。」马瑞辰通释：「《广雅》：『谓，使也。』谓我来，即使我来也。」高亨注：「谓，犹命，口头命令。」汉袁康《越绝书·请籴内传》：「越王谓范蠡杀吴王，蠡曰：『臣不敢杀主。』」縻：牛缰绳，引申为拴缚、束缚、牵制。《晏子春秋·问上十二》：「其谋也，左右无所系，上下无所縻，其声不悖，其实不逆。」《晋书·文帝纪》：「吾当以长策縻之，但坚守三面。」陆游《芳华楼夜饮》诗之二：「难觅长绳縻日住，且凭羯鼓唤花开。」明沉鲸《双珠记·与珠觅珠》：「须知此身縻官籍，况又在文章台阁。」《通典》卷一四八所引「縻」上有「之」字。

三军：泛指军队。周制，诸侯大国三军。中军最尊，上军次之，下军又次之。一军一万二千五百人，三军合三万七千五百人。《周礼·夏官·司马》：「凡制军，万有二千五百人为军。王六军，大国三军，次国二军，小国一军。」《论语·子罕》：「三军可夺帅也，匹夫不可夺志也。」《汉书·灌夫传》：「魏其言灌夫父死事，身荷戟驰不测之吴军，身被数十创，名冠三军。」唐章孝标《淮南李相公绅席上赋春雪》诗：「朱门到晓难盈尺，尽是三军喜气消。」《通典》卷一四八、《御览》卷二七二、《太白阴经·鉴才》所引「三军」均作「军中」。同：共同参与某事。《书·立政》：「惟羞刑暴德之人，同于厥邦，乃惟庶习逸德之人，同于厥政。」孔颖达疏：「惟进用刑罚与暴德之人同治其国，并为威虐，乃惟众习为过德之人，与之同共于其政，由其任同恶之人。」《晋书·卢循传》：「我今将自杀，谁能同者。」《通典》卷一四八所引该句及下句「同」均作「欲同」。

惑：乱，昏乱。梅尧臣注：「不知治军之务，而参其政，则众惑乱也。」另，《水经注·肥水》：「（苻坚）望山上草木，咸为人状。此即坚战败处，非八公之灵有助，盖苻氏将亡之惑也。」权：权变，权谋，谋略，计谋。《左传·宣公十二年》：

「军行，右辕，左追蓐，前茅虑无，中权，后劲。」杜预注：「中军制谋，后以精兵为殿。」汉荀悦《汉纪·高祖纪二》：「权不可预设，变不可先图。」《新唐书·张守珪传》：「创痍之余，讵可矢石相确，须权以胜之。」《三国演义》第六六回：「倘贼凭险深藏，使我士马不得逞其能，奇变无所用其权，则天威屈矣。」

任：职任，指挥。曹操曰：「不得其人也。」梅尧臣注：「不知权谋之道，而参其任用，其众疑贰也。」王晳曰：「使不知者同之，则动有违异，必相牵制也，则军众疑惑矣。」皆是。疑：迷惑，惑乱。《战国策·秦策二》：「夫以曾参之贤，与母之信也，而三人疑之，则慈母不能信也。」姚宏注：「疑，犹惑也。」《韩非子·五蠹》：「盛容服而饰辩说，以疑当世之法，而贰人主之心。」宋李觏《原文》：「韩愈有取于墨翟、庄周，而学者乃疑。」则军士疑矣：《通典》卷一四八所引作「则军覆疑」，《御览》卷二七二所引作「则军事覆疑」。

三军既惑且疑：《御览》卷二七二所引「且」作「既」。难：变乱。《左传·文公二年》：「吾与女为难。」杨伯峻注：「难，去声，为难，即发难共杀先轸。」唐鲍溶《读淮南李相行营至楚州》诗：「阃外建牙威不宾，古来戡难忆忠臣。」清李渔《奈何天·密筹》：「下官袁莹，自从行兵以来，屡奏肤功，数平大难。」是谓乱军引胜：《通典》卷一四八所引无「乱军引胜」句，《御览》卷二七二所引「军」上有「而」字。引：失去。《礼记·玉藻》：「引而去。」郑玄笺曰：「引，郄也。」「郄」同「却」，即失去，推却之意。《墨子·备穴》：「以茅救窦，勿令塞窦。窦则塞，引版而郄。」毕沅校注：「郄，却字俗写。」宋沈辽《秋早登住阁》诗：「数日多狂飚，余暑亦潜郄。」章炳麟《訄书·族制》：「要之万物莫神于辟历，苟非骸质，犹无以觉无以传矣。圣王因是以郄鬼神而天所生。」

译文

国君对军事行动的危害有三种：不知道军队不可以前进而下令军队前进，不知道军队不可以后退而下令军队后退，

这叫做束缚军队；不知道军队的内部事务而去干预军队的管理，就会使将士迷惑；不知道军队的权变和谋略而参与军队的指挥，就会使将士疑虑。军队既迷惑又疑虑，就有可能产生诸侯趁机发难的变乱。这就是所谓的自乱其军，自己丢掉了胜利。

评点

国君任用将帅统兵作战，就要给他充分的自主权。《三国志·魏书·郭嘉传》裴松之注引《傅子》说：『用人无疑，唯才所宜。』宋代欧阳修《论任人之体不可疑札子》：『任人之道，要在不疑。宁可艰于择人，不可轻任而不信。』在封建时代，好的领导者用人不疑，使谋臣忠于内，将帅战于外，才能使他们尽心竭力，充分发挥每个人的聪明才智。

《孙子兵法》一再强调，善于带兵出师的将领是十分重要的，军队作战胜败和国家的安危，其责任都落在他的身上。『将者，国之辅也，辅周则国必强，辅隙则国必弱。』君臣将帅的权限职责不容颠倒混淆。『欲付之重寄，须明察其人其才可用与否』，『兵无选锋，曰北』，『将之至任，不可不察也。』（《孙子·地形篇》）在战场上两军对垒，主将要有充分的主动性以正确判断敌情，如果干预过多，必然导致失败。无论古代还是现代，用人不疑都是一条重要的用人原则，管理者只有充分信任部属，大胆放权，才能使部属产生责任感和自信心，从而激发部属工作的积极性、主动性；管理者只有充分信任部属，大胆放权，也才能让下属根据实际情况灵活做出各种决策，充分发挥每个人的创造性，从而采取正确的应对策略。

在现实生活中，有两种不同管理者：一种是事必躬亲，无论大事小情都亲自过问，甚至不放过任何细节；一种是集中精力抓大事，而把日常的具体事务交给下属去做。在大多数情况下，后者往往比前者工作更有成效。对于管理者来说，不善于运用委托艺术，就只能陷入事务之中，整天忙忙碌碌，还容易造成瞎指挥，外行指挥内行，失去下属的信任。

松下幸之助说过这样的话：『如果一个管理者认为他的职务权力只能由他个人行使，那就没有一个人有能力胜任其工作。委托不只是在职责上分散权力，而且要让他人代替自己去执行具体任务。在现实生活中，没有一个管理者能够不通过别人的

帮助而获得成功的。』只可惜，许多管理者并没有悟出其中的真正涵义。他们总是对下属放心不下，总要亲自去才认为事情有把握，只有指指点点，才能显示自己在履行管理者的职责。这种做法实际上是很危险的，一个人的能力和经历毕竟有限。一旦失去了明察事态的眼光，或者缺乏必须的社会信息，不懂得社会已经发生了深刻变化，看不到别人的长处，不信任部属，就会造成可怕的后果。

关于这一点，中国古时候的齐威王就做得非常好，他信任章子击败秦兵就是一例。据《战国策·齐策》记载，『秦假道韩、魏以攻齐，齐威王使章子将而应之。与秦交和而舍，使者数相往来，章子为变其徽章，以杂秦军。候者言章子以齐入秦，威王不应。顷之间，候者复言章子以齐兵降秦，威王不应。而此者三。有司请曰：「言章子之败者，异人而同辞。王何不发将而击之？」王曰：「此不叛寡人明矣，曷为击之！」顷间，言齐兵大胜，秦军大败，于是秦王拜西藩之臣而谢于齐。左右曰：「何以知之？」曰：「章子之母启得罪其父，其父杀之而埋马栈之下。吾使章子将也，勉之曰：夫子之强，全兵而还，必更葬将军之母。对曰：臣非不能更葬先妾也。臣之母启得罪臣之父，臣之父未教而死。夫不得父之教而更葬母，是欺死父也。故不敢。夫为人子而不欺死父，岂为人臣欺生君哉？」』秦军向韩魏两国借道来攻打齐国，齐威王命章子为将带兵迎击秦军。齐秦两军相互对峙但没有开战，反而双方使者多次往来，章子还让手下的军士换上秦军的军服徽记混杂进秦军。齐国的探兵回报齐威王说，章子命令齐军投到秦军那边去了。威王没有回应。过了不久，又有一个探兵回报说章子让齐兵投降秦国了。威王仍然没有应声，这样的情况反复好几次，齐威王始终不动声色。身边的大臣沉不住气了，就问道：『都说章子已经失败，大王为什么不派军队讨伐章子的叛军呢？』齐威王胸有成竹地说：『章子这个人不可能叛我，这是很明显的事情，为什么要去攻打他呢？』果然，又过了一会儿，战场传来齐军大胜的消息。左右不解，问齐威王怎么知道章子不会投降的。齐威王说：

「章子的母亲得罪了他的父亲，他父亲就把她杀了。并且埋在马厩下面。章子出征的时候，我曾对他说：『你打了胜仗回来的时候，我一定把您的母亲换个地方埋葬起来。』他回答说：『我的母亲曾得罪了我的父亲，我的父亲没有留下遗言就去世了，没有得到父亲的遗言就改葬母亲，这是对不起死去的父亲。因此我不敢这样干。』做为人子章子竟不敢对不起死去的父亲，难道做为人臣他还能欺辱活着的君王吗！」齐威王由于了解章子而没有去干涉他的军事计划，终于赢得了对秦战争的胜利。

故知胜有五：知可以战与不可以战者胜，识众寡之用者胜，上下同欲者胜，以虞待不虞者胜，将能而君不御者胜。此五者，知胜之道也。

注释 知：预测。知可以战与不可以战者胜：汉简本、《通典》卷一五〇和《御览》卷三二二所引均作「知可而战与不可而战胜」；武经本作「知可以与战不可以与战者胜」。识：汉简本、《通典》卷一五〇作「知」。「识」与「知」同意，即知道、了解。《诗·大雅·皇矣》：「不识不知，顺帝之则。」宋王安石《送吴显道》诗之二：「欲往城南望城北，此心炯炯君应识。」明归有光《〈山斋先生文集〉序》：「故上焉者能识性命之情，其次亦能达于治乱之迹。」

众寡之用：军队多与少的灵活运用。众寡：多或少。《论语·尧曰》：「君子无众寡，无小大，无敢慢。」《三国志·吴志·孙韶传》：「权（孙权）问青徐诸屯要害远近，人马众寡，魏将姓名。」欧阳修《读〈徂徕集〉》诗：「不量敌众寡，胆大身么么。」上下：曹操曰：「君臣同欲。」意思是「上下」指君臣。李筌曰：「观士卒心，上下同欲，如报私仇者胜。」张预曰：「百将一心，三军同力。」「上下」都是指将士。比较两说，后说为胜。

欲：意愿，欲望，愿望。《孟子·梁惠王上》：「吾何快于是？将以求吾所大欲也。」《盐铁论·本议》：「农商工师，各得所欲。」易培基认为「欲」乃「俗」之假借，「同欲」乃「同其习俗」之意。此虽亦有一定道理，只不过有些牵附。《御览》卷三二二所引无此「欲」字。虞：度，备，准备，防范。李筌、杜牧注：「有备预也。」另，《尔雅·释言》：「虞，度也。」《国语·晋语四》：「卫文公有邢、翟之虞，不能礼焉。」韦昭注曰：「虞，备也。」《三辅黄图·杂录》：「旧典，行幸所至，必遣静室令先按行清静殿中，以虞非常。」白居易《草堂记》：「敞南甍，纳阳日，虞祁寒也。」宋叶适《叶岭书房记》：「募兵急备守，补楼船器甲之坏，以虞寇至。」

待：防备，抵御。《左传·宣公十二年》：「内官序当其夜，以待不虞。」《国语·鲁语下》：「说侮不懦，执政不贰，帅大雠以惮小国，其谁云待之。」韦昭注：「以楚大雠，为鲁作难，其谁能待之？待，犹御也。」《史记·廉颇蔺相如列传》：「赵亦盛设兵以待秦，秦不敢动。」《后汉书·公孙瓒传》：「今吾诸营楼橹千里，积谷三百万斛，食此足以待天下之变。」宋王禹偁《济州众等寺新修大殿碑序》：「未改邑时，粤有兹寺之额，院宇弗葺，垣墉半倾，待风雨避燥湿外，则无观焉。」

御：原意为驾驭车马，这里指控制、约束、牵制。宋陈亮《酌古论·李愬》：「夫将者，天下之所难御者也。」清纪昀《阅微草堂笔记·槐西杂志二》：「闻其生时御下酷严。」知胜之道也：《通典》卷一五〇、《御览》卷三二二均作「知胜之道」，无「也」字。

译文 预测胜利有五个方面：知道可以战和不可以战，能够胜利；知道兵多和兵少的灵活指挥运用，能够胜利；全军上下同心协力，能够胜利；自己准备充分对抗没有准备的敌军，能够胜利；将领有指挥才能而国君不加以牵制，能够胜利。这五个方面，就是预见胜利的方法。

在这里，孙子提出了五个「知胜」原则，这些既是预测战争胜负的方法，也是军事行动的基本指导方针。孙子对「知

己知彼」的「知胜」思想非常重视，多次进行了强调，古代此类战例也不可胜数，现仅以《通典》卷一五〇所引几例以做史证。

春秋时，晋侯将伐虢。大夫士蔿曰：「不可。虢公骄，若骤得胜于我，必弃其民。无众而后伐之，欲御我，谁与？夫礼、乐、慈、爱，战所畜也。夫民，让事、乐和、爱亲、哀丧，而后可用也。虢弗畜也，亟战，将饥。」后终为晋所灭。

春秋时，秦伯伐晋。晋将赵盾御之，上军佐臾骈曰：「秦不能久，请深垒固军以待之。」秦人欲战。秦伯谓士会曰：「若何而战？」对曰：「赵氏新出其属曰臾骈，必实为此谋，将以老我师也。赵有侧室曰穿，晋君之婿也，有宠而弱，不在军事；好勇而狂，且恶臾骈之佐上军也。若使轻者肆焉，其可也。」秦军掩晋上军。赵穿追之，不及。返，怒曰：「裹粮坐甲，固敌是求。敌至不击，将何俟？」军吏曰：「将有待也。」穿曰：「我不知谋，将独出。」乃以其属出。赵盾曰：「秦获穿也，获一卿矣。秦以胜归，我何以报？」乃皆出战，交绥，而退。

汉王在汉中，拜韩信为大将军。信因问王曰：「今东向争权天下，岂非项王邪？」汉王曰：「然。」「大王自料勇悍仁强孰与项王？」汉王曰：「不如也。」信再拜曰：「唯信亦以为大王不如也。然臣尝事项王，请言项王之为人也。项王喑呜叱咤，千人皆废，然不能任属贤将，此特匹夫之勇耳。项王与人恭谨，人有疾病，涕泣与之分食，至于功当封爵者，印刓弊，忍不能予，此乃特妇人之仁耳。项王虽霸天下而臣诸侯，不居关中而都彭城，又背义帝之约而以亲爱王，诸侯不平。诸侯之见项王迁逐义帝置江南，亦皆归逐其主而自王善地。项王所过无不残灭者，天下多怨，百姓不亲附，特劫于威强耳。名虽为霸，实失天下心。故曰其强易弱。今大王诚能反其道，任天下武勇，何所不诛！以天下城邑封功臣，何所不服！以义兵从思东归之士，何所不克！且三秦王为秦将，将秦子弟数岁矣，所杀亡不可胜计，又欺其众降诸侯，至新安，项王诈坑秦降卒二十余万，唯独邯、欣、翳得脱，秦父兄怨此三人，痛入骨髓。今楚强以威王此三人，秦民莫爱也。大王之入武关，秋毫无所害，除秦苛法，

与秦民约，法三章耳，秦民无不欲得大王王秦者。于诸侯之约，大王当王关中，关中民咸知之。大王失职入汉中，秦民无不恨者。今大王举而东，三秦可传檄而定也。」于是汉王大喜，自以为得信晚。遂听信计，定秦，灭项。项籍围汉王于荥阳城，久之，汉王患之，请割荥阳以西以和。项王不听。汉王谓陈平曰：「天下纷纷，何时定乎？」陈平曰：「项王为人，恭敬爱人，士之廉节好礼者多归之。至于行赏功爵邑，重之，士亦以此不附。今大王慢人少礼，士廉节者不来。然大王能饶人以爵邑，士之顽钝嗜利无耻者亦多归王。诚能去其两短，袭其两长，天下指麾则定矣。」

汉高帝时，黥布反。帝召薛公问之，对曰：「使布出于上计，东取吴，西取楚，并齐与鲁，传檄燕、赵，固守其所，山东非汉之有也。出中计，东取吴，西取楚，并韩取魏，据敖仓之粟，塞成皋之口，胜败之数未可知也。出下计，东取吴，西取下蔡，归重于越，身归长沙，陛下高枕而卧，汉无事矣。」上曰：「是计将安出？」对曰：「必出下计。布故骊山之徒耳，致万乘之主，此皆为身，不顾其后，不为百姓万世虑也。」布果出下计。上自将，东击布。布之初反，谓其将曰：「上老矣，厌将兵，必不能自来。诸将独患淮阴、彭越，今皆已死，余不足畏也。」故遂反。果如薛公筹之，东击荆，荆王刘贾败死。汉终破布。

后汉末，张辽屯长社，军中有谋反者，夜惊乱起火，一军尽扰。辽谓左右：「勿动。是不一营尽反，必有造变者，欲以动乱人耳。」乃令军中，其不反者安坐。辽将亲兵数十人，中阵而立。有顷定，即得首谋者杀之。

后汉末，曹公征荆州，刘琮降，得其水军及步兵，遂遗书孙权云：「今将水军八十万，当与将军会猎于长洲之苑。」将士闻之恐。权延见群下，问计。咸曰：「曹操托名汉相，挟天子以征四方，动以朝廷为辞，今日拒之，事更不顺。且将军大势，可以拒操者，长江也。刘表治水军，艨艟斗舰千数，操悉浮以沿江，兼有步军，水陆俱下，此则长江之险与我共之矣。而势力众寡，愚谓大计不如迎之。」权将周瑜曰：「操虽名汉相，其实汉贼。将军神武雄材，兼仗父兄遗烈，据有江东，地方数

千里，兵精足用，英豪乐业，尚当横行天下，为汉家除残去秽。况操自送死，岂可迎之邪？请为将军筹之：使北土已安，操无内忧，能旷日持久，来争疆埸，又能与我校胜负于船楫，可也。今北土既未安，加以马超、韩遂在关西，为操后患。且舍鞍马，仗舟楫，与吴越争衡，本非中国所长。又今盛寒，马无刍草。驱中国士众远涉江湖，不习水土，必生疾病。此数四者，用兵之患也，而操皆冒行之。瑜请得精兵三万人，径进夏口，保为将军破之。」权曰：「老贼欲废汉自立久矣，但忌二袁、吕布、刘表与孤耳。今诸雄已灭，唯孤尚存，孤与老贼势不两立。君言当击，甚与孤合也。」权拔刀斫前奏案，曰：「诸将吏敢复言迎曹操者，与此案同。」果有赤壁之捷焉。

蜀大将诸葛亮悉众十万，由斜谷出始平，据武功五丈原。魏大将司马宣王帅师拒之，与亮对于渭南。亮分兵屯田，为久驻之本。耕者杂于渭滨，而百姓安堵，军无私焉。屡使交书，又致巾帼妇人之饰，以怒宣王。王亦屡表请战。魏使卫尉辛毗持节勒懿及军吏以下，不许出战。姜维谓亮曰：「辛毗仗节而到，贼不复出矣。」亮曰：「彼本无战心，所以固请者，示武于众矣。将在军，君命有所不受，苟能制吾，岂千里请战邪！」宣王使二千余人，就军营东南角，大声称万岁。亮使问之，答曰：「吴朝有使至，请降。」亮谓曰：「计吴朝必无降法。卿是六十老翁，何烦诡诳如此。」懿与亮相持百余日，亮卒于军中。及军退，懿追焉。亮长史杨仪结阵，反旗鸣鼓，若将向懿，遽退，不敢迫。经二日，乃行其营垒曰：「天下奇才也。」懿乃追之，仪多布铁蒺藜，懿使军士二千人着材平底木屐前行，蒺藜悉着屐，然后马步径进，追至赤岸，方知审问。百姓为之谚曰：「死诸葛走生仲达。」懿笑曰：「吾能料生，不料死故也。」

陈将吴明彻进逼寿阳，北齐将王琳拒守，又遣大将皮景和率兵数十万来援，去寿阳三十里，顿军不进。诸将咸曰：「坚城未拔，大援在近，不审明公计将安出？」明彻曰：「兵贵在速，而彼结营不进，自挫其锋，吾知其不敢战明矣。」于是躬擐甲胄，疾攻，一鼓而克寿阳。

西魏遣将于谨讨梁元帝于江陵，长孙俭问谨曰：「为萧绎之计，将欲如何？」谨曰：「耀兵汉、沔，席卷渡江，直据丹阳，是其上策；移郭内居民，退保子城，峻其陴堞，以待援至，是其中策；若难于移动，据守罗郭，是其下策。」俭曰：「揣绎定出何策？」谨曰：「必用其下。」俭曰：「彼弃上而用下，何也？」对曰：「萧氏保据江南，绵历数纪。属中原多故，未遑外略。又以我有齐氏之患，必谓力不能分。且绎懦而无谋，多疑少断。人难虑始，皆恋邑居，既恶迁移，当保罗郭。所以用下策也。」谨乃令中山公护及杨忠等率精骑先据江津，断其走路。梁人竖木栅于外城，广轮六十里。寻而谨至，悉众围之。梁主屡遣兵于城南出战，辄为谨所破。旬有六日，外城遂陷。梁主退保子城。翌日，率其太子以下，面缚出降，寻杀之。

故曰：知彼知己者，百战不殆；不知彼而知己，一胜一负；不知彼不知己，每战必殆。

注释

故曰：知彼知己者，百战不殆：汉简本作「故兵知皮知己百战不……」，「兵」当为「曰」，「皮」通「彼」，「知己」下无「者」字。宋本有「者」，孙星衍校本依《通典》、《御览》去之。「知彼知己」，《通典》卷一五〇和辛弃疾《九议》所引均作「知己知彼」。殆：危亡，危险。《书·泰誓》：「亦曰殆哉。」孔安国传曰：「亦曰危殆哉。」《诗·小雅·正月》：「民今方殆，视天梦梦。」郑玄笺：「方，且也。民今且危亡。」《淮南子·人间训》：「国家危，社稷殆。」宋周密《癸辛杂识前集·蕈毒》：「案间尚余杯羹以俟其子，适出未还，幸免于毒，呜呼殆哉！」清蒲松龄《聊斋志异·陈锡九》：「力尽声嘶，渐就危殆。」

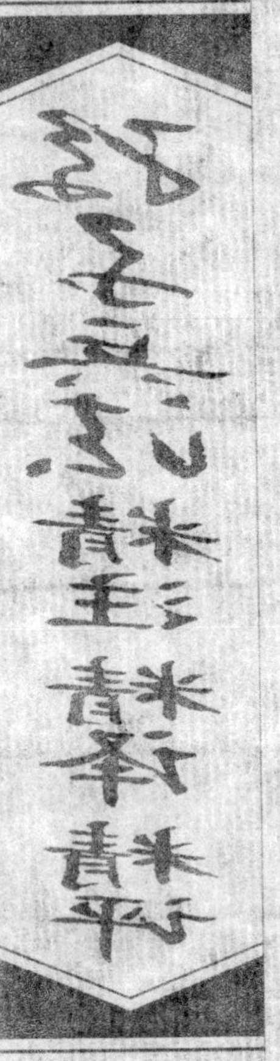

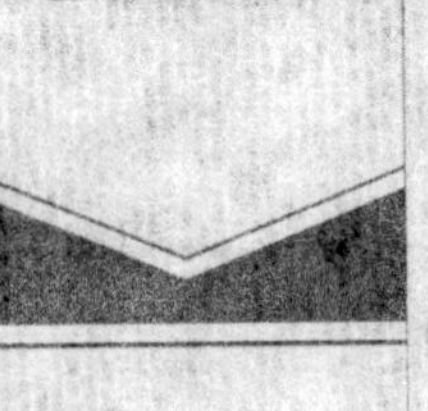

而：《御览》卷三二二所引无此字。一：或者。《左传·昭公元年》：「疆埸之邑，一彼一此，何常之有？」《庄子·应帝王》：「泰氏其卧徐徐，其觉于于，一以己为马，一以己为牛。」成玄英疏：「或牛或马，随人呼召。」每战必殆：武经本、樱田本作「每战必败」，各家注解中，李筌、张预亦注为「败」。「殆」、「败」意思相通。

译文

所以说：既了解对方也了解自己，每一次战斗都不会有危险；不了解对方而了解自己，胜负的可能都有；既不了解对方又不了解自己，每次用兵都会有失败的危险。

评点

《孙子兵法》中说，「知己知彼，百战不殆。」今天，这一战争中的规律早已超出了军事领域，成为做任何事情都应当恪守的一条基本规律。

公元前589年春，齐顷公攻占了鲁国北部的一些地方，接着又进攻卫国。鲁、卫两国向晋国求救，晋国派出六万大军，前去救援鲁、卫两国。

齐顷公虽然面对晋、鲁、卫三国的联军，却仍然对自己的力量充满自信，没有把三国的军队放在眼里。因此，他没有认真准备，就派人出阵挑战。齐将高固耀武扬威地驱车冲进晋军阵中，扔出一块石头把一名晋将打伤，并迅速冲上前去将其活捉，然后乘车奔回齐营。回营后，高固把战车系在一棵桑树上，不可一世地对全营的将士叫嚷：「有谁想要勇敢吗？快来买我的余勇吧！」

高固的侥幸得手和卖弄勇敢，更助长了齐顷公的骄傲情绪。双方约定决战的那一天，齐顷公一大早就对部将喊道：「我们先去打仗吧，消灭了敌人再回来吃早饭也晚不了！」于是，他不等战士们给战马披上护甲，就率军冲入晋军的营垒。晋军被他的骄横激怒了，他们在主将的指挥下，沉着应战，英勇杀敌。激战中，晋军主将身负重伤，身上留下的鲜血把

鞋子都湿透了，他仍然忍痛指挥晋军奋勇冲杀敌人。结果晋军人人奋勇，杀得齐军溃不成军，连齐顷公也差点成了晋军的俘虏。

齐顷公的失败，主要是过高地估计了自己的实力，无论是在兵锋相交的战场上，还是做其它事情的时候，都一定要保持清醒的头脑，量力而行。如果骄傲自大，肯定会吃亏，而如果过于自卑，则会丧失很多宝贵的机会。

齐顷公因不能「知己」而遭重创，同时，在做事情的时候，尤其是在竞争中，了解对方的实力，即「知彼」，也是非常重要的。知己与知彼都是很重要的，但有时候，知己比知彼还要难得多，所以老子说：「知人者智，自知者明」。在老子看来，能够了解别人的人，是有大智慧的人，很难得，但只有能够认识自己的人，才是真正能够洞察事理的「明白人」。因为人们大都不能了解自己，所以在老子看来，「自知」是比「知人」更难做到的。

《鬻子》有一段论述，也揭示了「人贵有自知之明」这一基本的道理：无能的人从来不会说自己无能，但他的无能无时无刻不在行动中表现出来，因此虽然他常常自我炫耀自己有能力，人们还是认为他无能。愚蠢的人从来不会说自己愚蠢，而他的愚蠢却随时会在言谈话语中流露出来，因此虽然他常常自我标榜自己聪明，人们还是认为他愚蠢。可见，如果不能正确地认识和评价自身的实力和能力，的确是很可悲的。

中国历史上，凡是有大成就的人无一不是有自知之明的人。楚汉战争中，西楚霸王虽然力能举鼎，有万夫不挡之勇，但终因刚愎自用，最后战败身死。而汉高祖刘邦在打败项羽后总结自己成功的经验时却客观地说：「夫运筹策帷幄之中，决胜于千里之外，吾不如子房；镇国家，抚百姓，给馈饷，不绝粮道，吾不如萧何；连百万之军，战必胜，攻必取，吾不如韩信。此三者，皆人杰也，吾能用之，此吾所以取天下也。」刘邦对自己的能力有着清醒的认识，可以说是有自知之明的，如果他也刚愎自用，说不定会得到与项羽一样的结局。

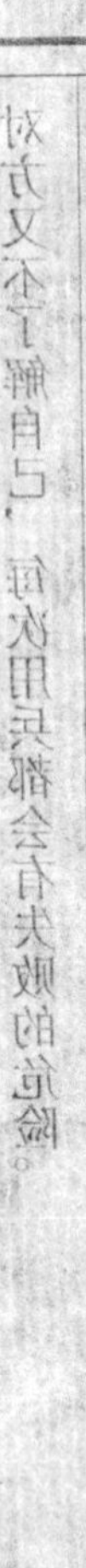

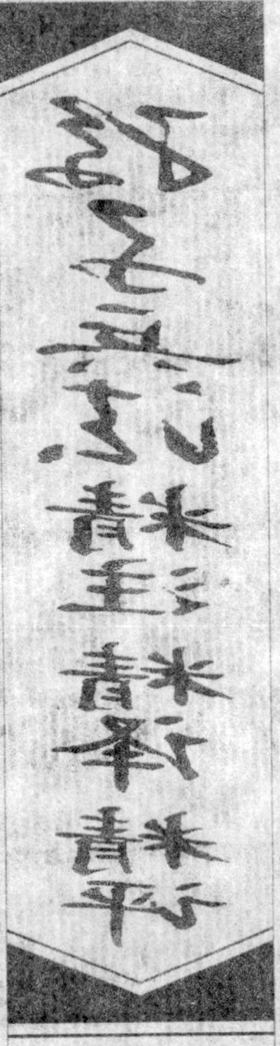

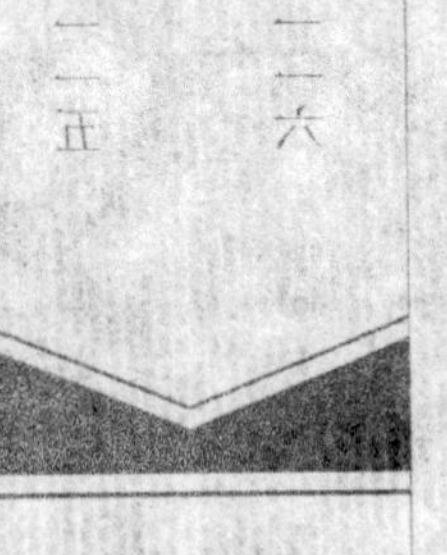

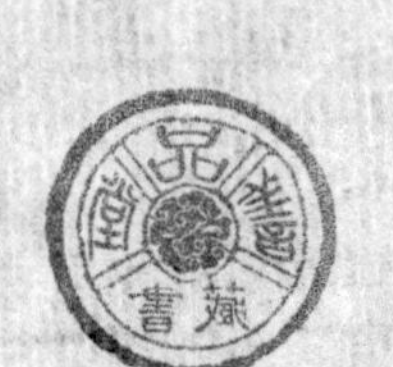